Zen – weil wir Menschen sind

Fumon S. Nakagawa

Zen
weil wir Menschen sind

Mit einem Geleitwort

von P. Emmanuel Jungclaussen OSB,

Abt von Niederaltaich

Theseus Verlag

Besuchen Sie Theseus im Internet: www.Theseus-Verlag.de.

Bibliografische Information der Deutschen Nationalbibliothek
Die Deutschen Nationalbibliothek verzeichnet diese Publikation in der deutschen Nationalbibliografie; detaillierte bibliografische Daten sind im Internet über http://dnb.d-nb.de abrufbar.

ISBN 978-3-89901-240-8

3. Auflage 2009

Herausgegeben von Barbara Lang und Christoph Hahn

Umschlaggestaltung: Morian & Bayer-Eynck, Coesfeld
unter Verwendung eines Fotos © Foto Haberland
Gestaltung und Satz: Grafikstudio Scheffler, Berlin
Druck: Westermann Druck Zwickau
Printed in Germany

Dieses Buch wurde auf 100 % Altpapier gedruckt und ist alterungsbeständig.
Weitere Informationen hierzu finden Sie unter www.weltinnenraum.de.

INHALT

Geleitwort

Viele Leser werden fragen: »Noch ein Buch über Zen?« – Sicher gibt es brillantere und umfassendere Darstellungen des Zen, aber kaum konkretere und ehrlichere und darum gerade für den Abendländer hilfreichere! Ein Japaner erzählt aus japanischer Sicht, das heißt mit dem typisch japanischen Kolorit beziehungsweise Sound über seinen Weg zum Za-Zen, und zwar innerhalb der Soto-Schule. Heute ist er Zen-Lehrer im Zen-Zentrum Eisenbuch in der Gemeinde Reischach nördlich von Altötting.

Ich schreibe dieses Geleitwort gern, und zwar als kleines Zeichen des Dankes für das, was ich selbst durch die strenge Übung des Za-Zen in Japan bei meinem verehrten Lehrer Yamada Koun Roshi und später in Deutschland bei Koun-An Roshi an innerer Bereicherung erfahren durfte. Beide sind schon in die Verwandlung eingegangen, aber unvergeßlich sind mir die Worte von Yamada Koun Roshi: »Ich möchte, daß Sie durch Za-Zen ein besserer Priester werden!« Dieses Zitat soll an dieser Stelle aber nicht als generelle Empfehlung des Zen-Weges gelten. Jeder Suchende muß nach strenger Selbstprüfung und eingehender Beratung durch Erfahrene sich für seinen Weg selbst entscheiden.

Im vorliegenden Buch begegnet der Leser authentischem, unverfälschtem Zen, dazu in gut verständlicher Form. In unserem Zeitalter der Beliebigkeiten sind strenge und verbindliche Übungsformen von besonderer Wichtigkeit. Nur in Strenge und Verbindlichkeit ist eine wirkliche Begegnung der verschiedenen Wege – den christlichen Weg mit eingeschlossen – möglich.

Niederaltaich, am 11. Juli 1997,
dem Hochfest des Heiligen Benedikt von Nursia
Emmanuel Jungclaussen OSB
Abt von Niederaltaich

Danksagung

Die Veröffentlichung dieses Buches möchte ich zum Anlaß nehmen, mich bei allen Mitübenden herzlich zu bedanken dafür, daß sie mich begleitet haben, und zugleich, daß ich sie begleiten durfte.
Meinen tiefen Dank verdienen Barbara Lang und Christoph Hahn. Durch ihre Dharma-Arbeit ist dieses Buch realisiert worden.

Möge diese bescheidene Gabe den Weg-Suchenden nützen!

Eisenbuch, am 4. April 1997
Fumon S. Nakagawa

Gelöbnis des Großen Meisters Daichi

Möge ich es erfüllen,
mit diesem von Eltern gegebenen Körper
mich dem Gelöbnis-Meer der Drei Juwelen zu widmen,
vom wahren Weg beim Tun und beim Nicht-Tun
niemals abzuweichen;

auf dem Weg
von diesem Körper zum Buddha-Körper,
von einem Leben zu einem anderen Leben,
von einer Welt zu einer anderen Welt,
beim Geborenwerden und beim Sterben,
nie getrennt vom Buddha-Dharma,
an jedem Ort, wo ich bin,
ohne Widerstreben, unermüdlich
Lebewesen zu retten;

sei es unterm Schwerterbaum oder auf dem Messerberg,
sei es im kochenden Wasser über dem Feuer,
unbeirrt nur diese *Shobogenzo*-Wahrheit tragend,
wo es auch sei, stets inmitten der Dinge tätig zu sein!

Mögen die Drei Juwelen mich bestärken!
Mögen die Buddhas und Dharma-Vorfahren mich schützen!

Die Wurzeln

Buddha Shakyamuni

Für euch rational denkende Europäer sind Lehre und Persönlichkeit Buddhas gut verständlich. In Indien dagegen, wo der Buddha herkommt, gehörten Vergötterung und Magie, aus europäischer Sicht das »Irrationale«, zum Alltag. Aber Buddha war anders; in gewissem Sinn könnte man sagen, er war kein typischer indischer Yogi: er hat ganz normal gelebt und ist an einer Nahrungsmittelvergiftung gestorben. Das war vor 2500 Jahren.

In Indien, in Buddhas Heimat, ist noch heute eine besondere, sehr stark geistig geprägte Atmosphäre spürbar; damals war das sicher noch stärker. Auch Buddha übte sich in der traditionellen, hinduistischen Yoga-Lehre, im vollständigen Yoga-Weg. Das ist nicht bloß diese Art Gymnastik, das, was man hierzulande sehr oft unter Yoga versteht.

In der Mahayana-Tradition sagt man, Shakyamuni habe am 8. Dezember einen Stern gesehen und dabei Erleuchtung erlebt. Das war aber nichts Einmaliges. Auch danach übte Shakyamuni weiter als Yogi und wurde so immer vollkommener. Shakyamuni Buddha lehrte dann Dinge, die in Indien vor 2500 Jahren ungewöhnlich waren. Für uns moderne Menschen aber klingen sie völlig vernünftig und einleuchtend.

Noch heute ist es in Indien fast selbstverständlich, daß ein Yogi in der Luft fliegt, wahrsagt oder gleichzeitig an verschiedenen Orten erscheint. Vor 30 Jahren habe ich im Fernsehen gesehen, wie ein indischer Yogi nach Japan kam. Der wurde in eine Art Kapsel gepackt; dann haben sie den Sauerstoff herausgepumpt, aber er ist auch ohne Luft nicht gestorben. Man kennt viele solcher

Geschichten von indischen Yogis aus Vergangenheit und Gegenwart. Nur über den Buddha ist nichts dergleichen überliefert, obwohl auch er ein indischer Yogi war.

In Indien ist es ja zum Beispiel nach alter Tradition auch so: Wenn jemand krank ist und vielleicht Schmerzen hat, dann wird ein göttlicher Mensch, ein Yogi gerufen, der verströmt Kraft oder Energie, und dadurch werden die Menschen geheilt. Fertig. Genau wie bei Jesus. Solchen Erscheinungen, solchen Menschen kann man glauben und vertrauen – aber man kann nicht einfach selber solche Fähigkeiten entwickeln. Glaube und Vertrauen sind grundlegend für unser Leben: Wenn wir zum Arzt kommen, dann strecken wir voller Vertrauen den Arm aus – was er spritzt, wissen wir nicht. Heutzutage kann es ja auch vorkommen, daß die Spritze AIDS-verseucht ist. Aber wir vertrauen ihm. Genauso ist es im seelischen Bereich.

Allerdings gibt es einige Sutren, in denen steht, Buddha habe typische Yogi-Wunder vollbracht: fliegen, an zwei Orten gleichzeitig sein, sich selber aus dem Sumpf befreien, Kranke heilen und so weiter. Aber diese Sutren sind alle viel jünger, das ist alles typisch indische, literarische Dekoration. – In Wirklichkeit führte Buddha eben doch ein ganz normales menschliches Leben. Und genau das ist eine große Hilfe für uns, weil wir solche gottähnlichen Großartigkeiten niemals erreichen können. Wenn wir hören, daß jemand nach dem Tod wieder aufersteht – wie können wir selber jemals so weit kommen? Solchen Geschichten können wir höchstens glauben, vertrauen, aber mehr nicht.

Buddha hat Wunder und Wunderheilungen abgelehnt. Er lehrte das Gegenteil. Man soll zu sich selbst Zuflucht nehmen; nicht zu ihm, zum Buddha, sondern zum Dharma, zu sich selbst. Den Weg, den er gezeigt hat, kann man mit der Vernunft verstehen, die Lehre genauso wie die Praxis. Er redet von Ursache-Wirkung, er erklärt, wie wir selber Leiden produzieren.

Er lehrt die Vier Edlen Wahrheiten: das Leiden, die Ursache des Leidens, die Aufhebung des Leidens, und den Weg zur Aufhebung des Leidens. Das ist eine Diagnose – was ist unsere Krankheit? Dann kommt ein Rezept, ein Medikament, der Heilungsweg. Der Heilungsweg ist die Praxis, jeder kann anfangen. Er sagte: Nicht ich bin euer Wegweiser, das Dharma ist der Wegweiser, die Lehre. Ihr müßt mit euren eigenen Füßen gehen.

Buddha selber hat viel Leiden erfahren. Er war Sohn des Fürsten des Shakya-Volkes und verlor früh seine Mutter. Eigentlich hieß er Gautama. Weil er das einzige Kind war, gingen alle davon aus, daß er der Nachfolger seines Vater würde. Später wurde Gautama *Shakyamuni Buddha* genannt. *Shakyamuni* heißt: der Erhabene aus dem Shakya-Volk, und *Buddha* heißt: der Erwachte, der Erleuchtete.

Das Shakya-Land war klein, und es hatte zwei mächtige Nachbarstaaten, Magadha und Kosala. Kosala war das mächtigste Land und versuchte immer wieder, die umliegenden kleinen Fürstentümer zu erobern. Dem Fürstentum Shakya drohte die Eroberung praktisch jeden Tag. Erobertwerden: das bedeutete Grausamkeit, die ständige Drohung von Massakern. Ich habe es nie gelesen, aber ich vermute, daß Gautama sehr unter dieser Situation gelitten hat, er sah keinen Weg zur Rettung. Es war vorauszusehen, daß das Land, das Volk vernichtet würde – und er sollte Nachfolger seines Vaters werden? Was konnte er tun? Krieg führen? Einen, den er sowieso verlieren würde?

Die allgemeine Überlieferung spricht immer nur von »Lebensleid«. Aber wenn ich in meinem Herzen dem jungen Prinzen Gautama näherkomme, dann spüre ich: das muß konkreter gewesen sein, und es könnte eine wichtige Motivation für ihn gewesen sein, Mönch zu werden. Er hatte gar keine Möglichkeit, oder? So denke ich, so spüre ich, das kann ich aber quasi nur als Dichter sagen. Er war jung verheiratet und hatte einen kleinen Sohn. Dann ist er Mönch geworden. Das Leiden *muß* konkreter gewesen sein als in Bertoluccis Little-Buddha-Film dargestellt. Deswegen machte er sich auf den Weg und suchte viele Yogis auf, die Meister seiner Zeit. In der indischen, hinduistischen Tradition wird der Buddha deswegen einfach als großer Yogi betrachtet, genauso wie Jesus.

Wenn ich so im Zazen sitze, vor allem im Sesshin, dann taucht immer ein Bild von Buddha Shakyamuni auf, eine Geschichte aus dem Pali-Kanon, die ich aus der japanischen Übersetzung kenne. König Bimbisara von Kosala wurde von seinem Sohn Ajatashatru abgesetzt und zusammen mit der Königin, seiner Mutter, ins Gefängnis gesteckt. Dort hat der Sohn seine Eltern verhungern lassen, hat sie ermordet. Danach wurde er selber König. Sofort wollte er das Shakya-Land erobern und zog mit Elefanten und Soldaten dorthin. Da stand der Buddha auf dem Weg. Und Buddha strahlte etwas aus, was Ajatashatru daran hinderte weiterzugehen. Ein anderes Mal stand Buddha unter einem großen Baum im Schatten. Da fragte Ajatashatru: »Warum steht der Ehrwürdige hier?« Da antwortete Buddha: »Es ist schön kühl im Schatten des großen Baumes.« – Später wurde dieser Ajatashatru übrigens ein ernsthafter Laien-Schüler Buddhas.

Aber vorher kam Ajatashatru mit seinen Soldaten ein drittes Mal. Diesmal konnte ihn der Buddha nicht stoppen, und in jener Nacht mußte der Buddha zusehen, wie sein eigenes Land brannte. Neben ihm stand sein Schüler. Sie haben über Verteidigungsmaßnahmen diskutiert. Und Buddha sagte: »Das führt nur wieder zu Rache.« Wenn ich das höre, spüre ich heiße Tränen auf dem Gesicht Buddhas. So etwas konnte er nicht neutral und ohne Emotionen sagen. Aber er hat dieses Schicksal tief verarbeitet, dieses grausame Schicksal, dieses *karma*. Das war nicht das *karma* einer Person, sondern das *karma* eines Landes. Oder das *karma* der ganzen Menschheit. Diese Geschichte, dieses *karma*-Rad konnte der Buddha nicht anhalten.

Vielleicht hatte er schon geahnt, daß so ein Massaker kommen könnte, und womöglich ordinierte er viele besonders junge Shakya-Leute. Als Mönche und Nonnen konnten sie dem Morden entfliehen. Er hatte auch seinen eigenen kleinen Sohn Rahula ordiniert, der war vielleicht zehn, und da gibt es auch eine Geschichte. Jeden Tag begann um zwei Uhr morgens das Zazen. Vormittags gingen alle Mönche und Nonnen ins Dorf zum Betteln, bis Mittag mußten sie etwas Nahrung bekommen und essen. Nachmittags wurde nur meditiert, bis abends zehn Uhr. Sie saßen auf der Wiese, sie hatten keine festen Zeiten und übten auch nicht gemeinsam Gehmeditation. Sie saßen in der Nähe des Buddha, unter den Bäumen oder im Wald, wo die Toten begraben wurden.

Und da war Buddhas Sohn. Er war noch klein und ein bißchen müde; weil es keinen Platz gab, wo er sich am Tage hinlegen konnte, schlief er in der Toilette. Da kam der Buddha und sagte zu ihm: »Was tust du hier? Bist du nicht Mönch geworden? Wieso vergeudest du hier das Leben? Gib dir Mühe und übe ordentlich!« Das ist eine berührende Szene. Da sind Vater und Sohn. Kurz vorher waren sie noch Fürsten. Der Vater sollte Nachfolger des alten Fürsten werden. Jetzt hatte Buddha seinen Sohn gerettet. Der war müde, ein kleiner Bub, so müde. Ihr seid auch müde, aber ihr habt immerhin Betten. Der Kleine aber fand nur in der Toilette einen Platz zum Schlafen.

Es gibt noch eine bittere Erfahrung des Buddha. Wir rezitieren im Herzsutra: »Höre, Shariputra.« Shariputra und Maudgalyayana waren schon selbständige Lehrer und hatten selber ein paar Hundert Schüler, bevor sie den Buddha trafen. Einmal war zufällig einer von Buddhas Mönchen zu ihnen gekommen, und da hatten sie von Buddhas Lehre gehört. Beide hatten sofort verstanden: das ist großartig, das ist es, was wir suchen. Da sind sie mit all ihren Schülern zu Buddha gekommen. Buddha hat sich sehr gefreut, daß Shariputra und Maudgalyayana zu ihm kamen, sie waren scharfsinnig, und sie waren großartige Menschen. Beide durften bald stellvertretend für Buddha reden und lehren.

Aber beide starben vor dem Buddha. Deshalb wurde dann Mahakashyapa sein Nachfolger. Buddha hat den Mahakashyapa nicht unbedingt als den ersten gesehen, er hat ihn nur sehr respektiert. Von der Fähigkeit zu reden und ihrem Verständnis der Lehre her waren die beiden anderen unerreichbar gewesen. Wenn man das so betrachtet, sieht auch die Zen-Geschichte plötzlich anders aus. Bekanntlich führen sich die Zen-Schulen alle über Mahakashyapa auf Buddha zurück, weil Mahakashypa als einziger bei der berühmten, wortlosen »Blumenpredigt« des Buddha gelächelt haben soll. Beim Tod von Shariputra und Maudgalyayana war Buddha selber nicht mehr so jung. Er wußte, daß er auch bald sterben würde, und plötzlich verlor er hintereinander zwei große Schüler. Buddhas Worte stehen geschrieben: »Es ist so einsam, wenn ich sehe, daß Shariputra und Maudgalyayana nicht mehr da sind. Ich fühle mich so einsam, seit ich die Gesichter der beiden nicht mehr sehen kann.« Da ist eine herzzerreißende Einsamkeit, die man spüren kann, wenn man diese Geschichte hört.

Bei so konkreten Dingen können wir dem Buddha als einem Menschen näherkommen. Er schwebt nicht über den Wolken, wir können ihn auch heute gut verstehen. Ganz lebendig fordert er uns auf: »Geh mit eigener Kraft auf deinem eigenen Weg; was ich dir zeige, sind nur Methode und Zielrichtung.« Ob er wie andere indische Heilige gottartig auf dem Wasser gehen konnte? Wir wissen es nicht, er hat es jedenfalls nicht gezeigt. Er zeigte keine Wunder.

Buddha sprach auch überhaupt nicht über die Entstehung der Welt oder über Gott oder ähnliches. Er lehnte das einfach ab. Das war eine große geistige Revolution in Indien damals: eine bewußte Beschränkung in der Lehre zugunsten eines klaren, einfachen Weges. Das ist rational verständlich und für jeden nachvollziehbar, von Vernunft zu Vernunft.

In der lebendigen Blütezeit des Buddhismus in China entwickelte sich daraus später der typische Zen-Geist der Chinesen. Der ist völlig rational, konkret und bodenständig. Die Chinesen wollten bewußt mit Wundern nichts zu tun haben. Wenn eins kam, »vernichteten« sie es sofort, sie betrachteten es nicht als etwas Besonderes oder gar Bewundernswertes. Wir wissen nicht, ob sie überhaupt Wunder vollbracht haben. Ihnen selber war es völlig egal.

Diese Einstellung ist eine große Unterstützung für uns. Einfach Zazen üben. Wenn man aber sagt, durch Zazen kann man Buddha

Shakyamuni lebendig begegnen, und Bodhidharma und Dogen auch noch, und wir denken: Bei mir passiert das alles nicht!, dann verlieren wir doch die Lust und die Motivation, oder? »Da mache ich ein intensives Sesshin, wie schmerzhaft – und ich kann immer noch nicht in der Luft fliegen?« Oder wir hören von einer Yogini, die 56 Jahre ohne Nahrung gelebt hat. Wenn sich dann jemand wünscht: »Ich sitze auf dem Kissen, damit ich endlich ohne Essen leben kann« – und es funktioniert nicht. Was dann?

Buddha ist ganz anders. Er zeigt uns machbare Wege. Und genau das hat sich in China weiterentwickelt, nicht einfach bloß durch rationales Verstehen, sondern entsprechend dem Charakter der chinesischen Kultur intuitiv. Intuitiv wird bei den Chinesen genau diese Wunder-Neigung vernichtet. Das Zen sagt sogar: Den Buddha töten und dann an hungrige Hunde verteilen. Huangpo beschimpfte jemand, der auf dem Wasser gehen konnte: »Wenn ich das vorher gewußt hätte, hätte ich dich längst umgebracht.« Bewunderung? Nein, umgekehrt. Huangpo schimpft nur: »Dummer Kerl.«

Diese Zen-Art ist zu uns nach Japan gekommen. Aber ich sehe diese geistige Überlieferung nicht nur aus dem Zen, wie es aus China kam. Diese absolut rationale Einstellung geht auf Buddha selber zurück. Trotzdem wurde Buddhas Lehre in Indien immer wieder mit der hinduistischen Kultur vermischt, und er selber wurde vergöttlicht. Das gehört, wie gesagt, zur indischen Kultur. Er war aber nicht göttlich, und was er gelehrt hat, war auch nicht göttlich. Seine Lehre zeigt einen ganz menschlichen Weg, gangbar für alle Menschen. Eine Periode Zazen ist machbar. Durch das Sitzen und die geistige Konzentration das Alltagsleben ordnen ist auch machbar. Dadurch kann man konkretes Leid und konkreten Schmerz des Alltags Stück um Stück lösen. Klar argumentieren, klar verstehen, klar sehen – das ist die höchste Praxis. Klar sehen und aufwachen: das findet statt hier auf dem Boden, dort, wo wir alle sind. Ihr braucht euch nicht anstrengen zu fliegen. Nein: hier sitzen, aus eigener Kraft und Mühe, das ist der Weg Buddhas.

Buddhas Lehre trifft auf ältere Religionen

Ich bin in Japan geboren und aufgewachsen. Das war in der Zeit nach dem 2. Weltkrieg, und deshalb habe ich eine westliche Ausbildung genossen und in erster Linie die westliche Denkweise gelernt. So habe ich in meiner Jugend zu vielen alten Überlieferungen meiner Heimat keinen wirklichen Zugang bekommen.

Trotz aller Modernisierungen gab es in Japan immer auch alte religiöse Überlieferungen, darunter auch schamanistische. Selbst heute noch gibt es Schamanen in Japan, meistens Frauen. Sie haben eine eigene religiöse Tradition mit schintoistischen und buddhistischen Elementen. Sie leben an bestimmten Orten im Gebirge, auf heiligen Bergen. Viele haben die Fähigkeit, in Trance zu gehen. In der Trance verwandeln sie sich zum Beispiel in die verstorbenen Vorfahren der Familie, die sie gerade besuchen; sie sagen »ich« und sprechen dann als die verstorbene Mutter oder Großmutter oder der verstorbene Großvater. Das ist authentische Praxis bei ihnen bis heute.

Manche von ihnen können Krankheiten heilen; sie haben dafür eine eigene Überlieferung. Zur Zeit meiner Kindheit hat noch niemand ihre Aktivitäten als negativ betrachtet. Damals kamen auch noch schintoistische Nonnen und Mönche aus den Bergen in die Stadt Kyoto; manchmal auch buddhistische. Sie trugen weiße Kleider wie vor tausend Jahren, ein sakrales Stirnband und eine Holzstange mit einer Klinge. Damit vertrieben sie die Dämonen. In Kyoto und den anderen Städten verkauften sie getrocknete Bärenleber und Heilkräuter aus den Bergen als Medizin. Meine Eltern haben diese Medizin immer gekauft, und ich kann mich erinnern, daß wir Kinder diese Medikamente bekommen haben, wenn wir Magenschmerzen, Darmschwierigkeiten oder Erkältung hatten.

Kurz nach dem Krieg war diese Tradition noch nicht ausgestorben. Aber später wurden diese Leute in der Öffentlichkeit immer weniger akzeptiert. Jetzt gibt es nur noch die westliche Schulmedizin. Heute lachen die japanischen Ärzte nur, wenn jemand die Akupunktur bzw. die traditionelle japanische Medizin schätzt. Aber vor kurzem habe ich in der Zeitung gelesen: Das japanische Parlament hat eine eigene Klinik nur für die Abgeordneten. In dieser Klinik gibt es sowohl westliche Medizin als auch Akupunktur. Der Bevölkerung gegenüber wird die traditionelle chinesische Medizin lächerlich gemacht, die Krankenkasse zahlt nur schulmedizinische Behandlung. Aber die Abgeordneten wissen schon, warum sie selber auch zur Akupunktur gehen wollen.

Aber es geht weniger um Medizin als um den geistig-religiösen Bereich. Vor kurzem habe ich einen Artikel eines japanischen Gelehrten über Schamanismus gelesen. Dabei ist mir plötzlich eine Menge klar geworden. Wie klingt eigentlich das Wort »Schamanismus« bei euch – positiv oder negativ? Denkt mal nach. Das ist nämlich gewissermaßen die Basis, um die Lehre Buddhas überhaupt zu verstehen.

Innerhalb der schamanistischen Traditionen sind die Menschen sehr abhängig von einer ganz bestimmten Person. Auch heute noch ist es zum Beispiel in Indien so: Ein Meister oder Guru wirkt nicht als eine bestimmte Person mit einem bestimmten Namen, Hans oder Renate oder Thomas. In ihm oder ihr ist eigentlich ein Gott gegenwärtig. Bei euch, in eurer christlichen Tradition, ist diese Idee nur bei Jesus erlaubt, wenn ich das richtig verstanden habe. Aber in der indischen Tradition wird von vielen solchen »Christus« berichtet, Jesus ist nur einer von ihnen. Warum? Sie alle haben die gleichen Wunder gewirkt: Krankheiten heilen, gleichzeitig an mehreren Orten sein, nach dem Tod wiederauferstehen. Das ist indische Tradition. Diese Tradition muß euch klar sein, weil auf diesem Boden Buddhas Lehre und Praxis gewachsen sind. Man kann sogar noch weiter gehen: Wenn einem diese Art der Tradition, dieses schamanistische Element, nicht zugänglich ist, dann kann man die eigene seelische Erfahrung letztlich auch nur schwer verstehen.

Yoganandas Autobiographie zum Beispiel hat mir gute Hinweise gegeben, wie ich meine eigenen Erfahrungen einordnen kann. Was habe ich in Japan in der Schule gelernt? Englisch, Physik, Chemie – alles auf westliche Weise, sogar Geschichte. Unsere eigene japanische religiöse Tradition hatte keinen Platz. Eigentlich gab es nicht einmal Platz für das, was ich selber erfahren habe. 1979 bin ich nach Deutschland gekommen. Im Dezember 1980 habe ich hier genau gespürt, daß mein Vater in Japan gestorben ist – bevor ich die Nachricht erhalten hatte. Genauso war es, als hier in München ein Freund gestorben ist. Er starb im Norden der Stadt, ich war im Süden, aber ich habe es gespürt. Zuerst konnte ich beides nicht zugeben. Warum? Weil es nicht hineinpaßt in das heutige »normale« Denken in Japan. In Indien ist das anders, da ist so etwas wie den Tod eines anderen über räumliche Distanz hinweg erleben eine ganz normale Sache. Yogananda und alle seine Vorfahren konnten viel mehr. Mir als westlich erzogenem Japaner dagegen hat sogar diese kleine Sache innere Schwierigkeiten gemacht.

Jetzt, nach Yoganandas Buch, sehe ich auch den tibetischen Buddhismus anders. Das ist Buddhismus, aber nicht ausschließlich. Es ist ein »einheimischer« Buddhismus, da sind verschiedene Elemente verbunden, buddhistische und schamanistische Elemente, solche der ursprünglichen Religion Tibets. Alles zusammen wird »Tibetischer Buddhismus« genannt. Als der Dalai Lama aus seiner Heimat nach Indien fliehen mußte, suchte er seinen Schamanen auf. Der war eine Art »Schutzgott« für ihn. Dieser ging in Trance und hat dem Dalai Lama in diesem Zustand den Fluchtweg gezeigt. Genau diesen Weg ist er dann gegangen. Für den Dalai Lama war das selbstverständlich.

Im ursprünglichen Buddhismus jedoch ist so etwas ganz und gar nicht selbstverständlich. Auf der anderen Seite gibt es gar keinen Zweifel: ohne diesen ursprünglichen, den schamanistischen Boden, gibt es keine Kultur, in keinem Land. Deswegen hat der Buddhismus immer die einheimische Religion aufgenommen, einschließlich des jeweiligen Schamanismus. Das können wir in Thailand sehen, in Tibet, in China und in Japan. Überall bildeten diese ursprünglichen Elemente den Boden, und der Buddhismus hat das dann integriert. Er entwickelte sich immer mit diesen Elementen, nie gegen sie.

So gesehen gibt es viel Schamanistisches in der tibetischen Variante des Buddhismus. Wenn man diese Religion einfach nur »Buddhismus« nennt, dann übersieht man ziemlich viel. Die großen Rinpoches oder großen Lehrer des tibetischen Buddhismus sind nicht nur buddhistische Meister, sie sind auch Schamanen. Man respektiert sie, weil sie auch in dieser Hinsicht authentisch sind.

Warum betone ich das? Ich denke so: Man sollte zuerst eine Person oder eine Kultur so akzeptieren, wie sie eben ist, um sie zu verstehen. Mit einem solchen Verständnis schafft man eine positive Grundeinstellung. Erst dann sollte man anfangen zu analysieren, zum Beispiel zu untersuchen und festzustellen: Dies ist buddhistisch, jenes ist nicht buddhistisch und so weiter. Auf diesem Weg können wir Klarheit darüber bekommen, was denn nun das Wesentliche am Buddhismus selber ist.

Der Buddha hat die eigene Selbständigkeit betont, er war sich der indischen Religiosität – ihr sagt heute im Westen oft: Spiritualität – genau bewußt und hat sie verarbeitet. Buddha wirkte niemals diese Wunder, er heilte niemals Kranke, er starb ganz normal und ist nicht wiederauferstanden. Wir wissen nicht, ob er das alles nicht konnte oder ob er es nur nicht zeigte. Wir wissen es nicht, und es ist auch nicht wichtig. Das ist überhaupt kein Thema in Buddhas Lehre, es ist nicht ihr Charakter. Weil aber Buddha nichts davon zeigte, brauchen wir auch nicht davon abhängig zu werden. Er war völlig rational, hat einen Lebensweg aus der Vernunft heraus gezeigt. Diese Klarheit paßte dann auch überall hin. Sie war kein Widerspruch zur einheimischen Religion und dem Schamanismus, nicht in Tibet, nicht in Japan, nicht in Süd-Asien, nicht in China.

Wir sind nicht gegen Schamanismus, und großartige Persönlichkeiten respektieren wir immer. Aber ich will nicht von so jemandem abhängig sein. Das ist die buddhistische Tradition. Zu einem großartigen Menschen hingehen, ihm zuhören, mich verbeugen, ihm absolut vertrauen: das ist nicht der Weg Buddhas. Das muß klar sein. Ob der Dalai Lama wirklich die Inkarnation des letzten Dalai Lama ist, das wissen wir nicht. Aber diese Frage ist gerade nicht das buddhistische Element der tibetischen Religion. Für die Tibeter ist das alles eine Einheit, es ist der schamanistische Boden, und das ist gut. Aber für uns, für euch ist es nicht wichtig. Wir müssen das Wesentliche am Buddhismus aus unserer eigenen, heutigen Kultur und Lebensweise heraus verstehen.

Wie steht es mit eurer eigenen schamanistischen Tradition? Ich darf eigentlich gar nicht weitersprechen, weil ich da nicht genug weiß: aber ihr habt die Hexenverfolgungen gehabt und die Heiler ausgerottet. Das kann nicht gut sein, weil damit Wurzeln eurer eigenen Religiosität, des Schamanismus im positiven Sinne, unterdrückt und vernichtet wurden. Hexen und Heiler wurden verpönt und galten als verdächtig. Aber wir brauchen diese einfachen, natürlichen geistigen Fähigkeiten. Wenn sie verdächtig sind, werden sie immer schwächer, und in der Folge davon werden die Menschen dann abergläubisch und letztlich vom Aberglauben abhängig.

Warum konnte ich in Deutschland spüren, daß mein Vater starb? Ich spürte es, und deshalb rief ich meine Schwester in Japan an, und sie sagte mir, daß er eben gestorben sei. Aber ist das wichtig, diese Fähigkeit, diese Empfindlichkeit? Nein. Auf dem Buddha-Weg gehen ist wichtiger. Andererseits jedoch darf ich das auch nicht ignorieren; es gibt diese Realität, es gibt diese Ebene.

Zufällig habe ich kürzlich im Bayerischen Fernsehen eine Sendung gesehen über einen Heiler in Hindelang in den Allgäuer Alpen. Dort gibt es heute noch solche Leute. Ich habe das Gefühl gehabt, daß die Ausstrahlung der Berge diese Menschen ausbildet. In der Sendung wurde dieser Heiler gezeigt. Er wollte seinen Namen nicht sagen, damit nicht zu viele Leute zu ihm kämen. Eines Tages hatte er plötzlich diese Fähigkeit zu heilen in sich bemerkt. Zum Beispiel spürt er, wie bei Kopfschmerzen die magnetische Ordnung gestört ist; dann legt er seine Hände auf den Kopf des Patienten, und alles wird geordnet. Dann verschwinden die Kopfschmerzen. So wurde es berichtet.

Wenn es so funktioniert: warum sollten wir dann mit der dualistischen Vernunft dagegensprechen? Weil wir moderne Menschen sind? Dann sind wir abergläubisch, was den dualistischen Rationalismus betrifft. Wenn etwas rational nicht erklärbar ist, dann ist es uns verdächtig. Aber die chinesische und die indische Medizin sind anders: sie sehen nicht die Krankheit, nicht die Leber, den Magen oder die Lunge. Sie sehen das ganze Lebewesen; sie sehen, daß es insgesamt in einer schwierigen Lage ist. Sie betrachten es vom Ganzen her, wollen das Ganze in Ordnung bringen. Sie sagen: Probieren Sie mal diese Heilkräuter, dann warten wir mal ab. Wenn sie nicht helfen, dann probieren wir andere.

Bei euch ist das anders. Wenn das Medikament nicht sofort wirkt, dann wird der Bauch aufgeschnitten. Dann findet man Steine oder sowas. Das ist eine völlig andere Einstellung. Dennoch ist beides wichtig. Wenn man jedoch die europäische Art immer weiterbetreibt, dann sieht man nur noch die Krankheit, aber nicht mehr den kranken Menschen. Dann fällt bei euch der Satz: »Operation gelungen, Patient tot.« Das kann passieren.

Wir müssen klar sehen, wo traditionelle Heiler besser sind und wo die Schulmedizin wirklich hilft. Weil ihr alles so rational seht, wird die Theravada-Lehre, in ihrer charakteristischen Klarheit und Rationalität, bei euch Deutschen so gerne aufgenommen. Aber paß auf! Warum? Weil es nicht ausreicht, daß der Buddhismus der Vernunft so sehr entgegenkommt. Wenn es nämlich nur das ist, dann bist du eben aus Gründen der Vernunft von Buddha abhängig. Genau das wollte Buddha nicht. Geh lieber mit deinen eigenen Füßen selbständig auf deinem Weg!

Gleichzeitig sage ich: Ignoriere Heilerinnen nicht oder großartige Meister. Wenn sie menschenfreundlich sind, dann helfen sie uns wirklich. Aber es genügt nicht, wenn man sich darauf beschränkt. So gesehen gibt es einen Unterschied in den heiligen Schriften über Jesus Christus und Buddha. Bei uns hat man Wunder Buddhas viel später dazuphantasiert. Buddha selbst hat verboten, darüber zu spekulieren, aber die Menschen suchen solche Dinge im religiösen Bereich. Heute kann man die Schriften analysieren, und man kann feststellen, wie alt sie sind. Deshalb weiß man, daß aus Buddhas Lebenszeiten nichts von irgendwelchen Wundern überliefert ist.

Dogen Zenji – er lebte im 13. Jahrhundert in Japan – hatte viele religiöse Träume, »heilige Träume« sozusagen. Er traf viele Entscheidungen aufgrund dieser Träume. Für ihn war das selbstverständlich. Und für uns?

Ich überlege in solchen Fällen: Darf ich das sagen oder nicht? Allmählich wird mir klar: Die Erfahrungen mit dem Tod oder mit Träumen sind mein persönlicher Bereich. Einmal hat eine junge Frau große Angst bekommen, als ich in einem Vortrag davon erzählt habe, sie hat vor Angst gezittert und konnte das Ganze gar nicht einordnen. Da habe ich Mitleid bekommen; hätte ich das lieber nicht sagen sollen?

Wie werden bei euch schamanistische Elemente bewertet? Hier in Deutschland ist alles christlich geprägt. Gab es an der Basis oder unter der Oberfläche der christlichen Lehre und Praxis denn nicht auch einmal die Hexe, den Heiler? Wenn diese Tradition restlos ausgetrocknet ist, kommt eine Gegenentwicklung. Entstehen heute nicht ständig neue Sekten? Und reden nicht sehr viele von ihnen ständig von Heilung? Wir müssen die Grundlagen herausfinden und uns darüber Klarheit verschaffen.

Was ist Religion? Ich habe gehört, manche Theologen sagen, der Buddhismus sei gar keine Religion, weil wir da keinen Gott haben. Das ist ein sehr magerer Begriff von Religion: Das hat, soweit ich weiß, auch mit einer falschen Übersetzung des lateinischen Wortes *religio* zu tun.

Heute sagen einige, das Wort »Spiritualität« sei offener; Zen sei deshalb eine »östliche Spiritualität«. Dann kann die »westliche Spiritualität«, die chridtliche Mystik, die »östliche Spiritualität« in sich aufnehmen. Und deswegen könne man innerhalb der christlichen Tradition genausogut Zen praktizieren wie bei uns. So ungefähr reden sie. Aber was bedeutet in dieser Erklärung das Wort »Spiritualität«? Ist da der Schamanismus noch mit eingeschlossen? Was soll das denn eigentlich sein: *buddhistische* oder *Zen-Spiritualität*? Gibt es das überhaupt? Ich sehe das nicht. Nochmal: das Wesen des Menschseins ist seelisch-geistige Selbständigkeit und Offenheit auf dem Lebensweg. Die Lehren von Islam, Christentum, Judentum: für uns ist das alles offen.

Im Buddhismus gibt es nämlich überhaupt nichts, was speziell »buddhistisch« wäre, weil Buddhas Lehre universelle Offenheit ist. Christlich ist Zen natürlich erst recht nicht, deshalb sollte man klare Unterscheidungen treffen. Nochmal: Im Hinduismus Indiens gilt Jesus einfach als ein großer Yogi.

Es kommt immer darauf an, wie man mit den Dingen umgeht. In Japan lasse ich mich auch mit Akupunktur behandeln oder gehe zum traditionellen Heiler. Wenn es wirkt, bin ich sehr dankbar. Aber ich bin sehr vorsichtig, daß ich nicht von solchen Autoritäten abhängig werde. Die Autorität Buddhas, die Autorität Dogens, die Autorität meines Meisters: das ist alles eine große Unterstützung, aber ich muß darüber hinauskommen. Darüber hinaus bedeutet nicht: ich spiele, daß ich größer bin. Es bedeutet: nicht abhängig werden. Zwar muß man erstmal Vertrauen entwickeln und auf diese Weise anfangen zu lernen. Aber wenn man nur dauernd denkt: »Ich kann den Meister nicht verlassen, ich kann ohne ihn nicht gehen« oder »Mein Meister hat dies gesagt und jenes gesagt, er hat immer recht« – dann mag das vielleicht am Anfang ganz gut sein, später wirkt es doch als gefährliche Abhängigkeit.

Man braucht ein Gleichgewicht, und das kann man nur halten, wenn man die eigenen religiösen Erfahrungen offen und ehrlich verarbeitet und begreift. Nur dadurch kann man seinen eigenen Weg allmählich klar und sicher erkennen. Zum Beispiel spielt in Asien das Thema *karma* und »Wiedergeburt« gar nicht eine so große Rolle, wie man hier immer zu wissen glaubt. Hier im Westen aber ist es fast das wichtigste Thema, wenn es um Buddhismus geht. »Little Buddha« oder »Living Buddha« – hat der Dalai Lama die Inkarnation auch bestätigt? Das interessiert die Leute brennend.

Das ist nicht buddhistisch! Ich verehre den Dalai Lama, aber er lebt innerhalb der Einheit der tibetischen Kultur. Da gehört all das dazu. Es gibt aber die Gefahr, daß ihr hier im Westen einiges falsch versteht. Ich kann den Tod meines Vaters spüren. Der Dalai Lama kann sehen, daß diese Inkarnation genau in diesem Tal lebt. Das könnte so wirken, als sei das seine spezielle Fähigkeit als buddhistischer Meister. Das stimmt aber nicht. Das ist überhaupt kein Problem für die Tibeter, weil sie in dieser Einheit leben. Für mich als Japaner ist es auch noch kein besonderes Problem. Aber hier im Westen ist es ein Problem, hier wird das alles viel zu wichtig genommen. Warum? Weil in eurer einheimischen Religion jene Basis, auf der es einst Heiler und Hexen gab, jene Basis des Schamanismus also, nicht mehr lebendig, aber auch nicht wirklich verarbeitet und integriert ist. Deshalb haben die Menschen heute Schwierigkeiten, mit solchen Dingen vernünftig umzugehen.

Buddhistische Schulen – ist neuer gleich besser?

Heutzutage gibt es viele Leute in Deutschland, die etwas über Buddhismus wissen, am meisten über tibetischen Buddhismus, einiges auch über Vipassana und Theravada, weniger über das Zen. Einerseits stelle ich eine positive Entwicklung fest, aber andererseits ist da immer noch viel unklar. Das müßt ihr selbst klären, aber es wird ein paar hundert Jahre dauern. Es ist auf jeden Fall gut, daß die Menschen ernsthaft nach dem Weg, nach dem Sinn des Lebens suchen. Buddhismus ist bei euch ja erst hundert Jahre lang bekannt, als aktive Praxis noch nicht einmal fünfzig Jahre. Mir fällt auf, daß hier bei euch Buddhismus und Meditation oft im Rahmen von Esoterik gesehen oder einfach benutzt werden zum Abbau von Streß. Da befassen sich die Leute mit vielen Lehren aus dem Osten, mit Hinduismus aus Indien, mit Sufismus aus Arabien oder Vorder-Asien, mit Vajrayana-Buddhismus aus Tibet, mit Zen aus Japan, mit Theravada aus Sri Lanka, Thailand oder Vietnam. Nun geht es aber im Buddhismus nicht um psychische Spannungen oder psychische Experimente.

Im Zen kann man sich schon fragen: Wozu sitzt man so hart, so streng? Wozu brauchen wir Rituale? Wozu ziehen einige Leute schwarze Roben an? Wozu diese japanischen Sachen? Wozu? Wozu die Achtsamkeitsübungen? Ich freue mich, daß es das gibt. Aber wozu?

Die Grundlehre in allen buddhistischen Schulen ist *mujo* – die Vergänglichkeit der Welt und des Menschen, und das Leiden; und letztlich: das Nicht-Ich, die Nicht-Substantialität. Vergänglichkeit, Leiden und Nicht-Ich sind die drei grundlegenden Elemente, gleich ob im tibetischen Buddhismus, Vipassana oder im Zen. Eure Einstellung ist wichtig: sich große Mühe geben, das eigene Leben auf den richtigen Weg zu bringen. Das darf keine psychische Spielerei sein und auch kein Entfliehen vor dem Druck und Streß eures Alltags. Es muß euch eine tiefe und ernsthafte Frage sein.

Das ist Buddhismus, das ist Zen. Buddhismus hat nichts mit Euphorie und Begeisterung zu tun, das ist unnötig. Ich sehe zum Beispiel das starke Interesse an »Wiedergeburt« als ein ganz großes Hindernis. Und auch das *satori*, von dem im Zen oft die Rede ist, wirkt leicht als Hindernis. Beides, Wiedergeburt und *satori*, müssen wir im Rahmen einer geschichtlichen Entwicklung in bestimmten Ländern sehen. Das hat mit der Entwicklung von verschiedenen buddhistischen Kulturen zu tun, aber nicht unbedingt mit der Lehre Buddhas.

Da gibt es in der Zen-Kultur die japanischen Strohmatten, die Kampfkünste, die Tee-Zeremonie oder Ikebana. Das ist alles nicht der Kern von Buddhas Lehre – trotzdem hat sich die japanische Kultur aus Buddhas Lehre heraus entwickelt. All diese Dinge sind schön, aber sie sind nicht der Kern. Genausowenig wie Tantra, Wiedergeburtslehre, Karmapa oder Dalai-Lama. Das sind Produkte Tibets, entsprechend der Art, wie die tibetische Kultur eben Buddhas Lehre aufgenommen hat. Und wenn es so zentral wäre: Wo ist denn dann die Wiedergeburt von Buddha selbst? Wo ist er denn jetzt? Und wenn über die Wiedergeburten berichtet wird: das sind immer alles Knaben, wo sind denn die Mädchen? Ist das authentische Buddha-Lehre?

Zen-Kultur und Wiedergeburt: all das ist über 1000 Jahre alt. Wir in Asien tragen diese Kultur weiter. Aber es ist nicht der Kern von Buddhas Lehre, und hier im Westen wirkt es deshalb womöglich als Hindernis. Buddha selbst redete bewußt nie über diese Dinge. Ich finde, das ist eine große Unterstützung. Dieses Schweigen sollte der Anfang sein für heutige Menschen, egal ob sie zu einem tibetischen oder einem Zen-Lehrer gehen, zu Leuten aus dem Westen oder zu Asiaten.

Worum geht es bei Buddha wirklich? Es geht immer um die Auseinandersetzung mit dem eigenen Leben. Ich zum Beispiel lehre die Zen-Form des Sitzens auf dem Kissen, das ist die äußere Form. Darüber hinaus könnt ihr bei mir alles vergessen, außer einem Punkt: die innere ernsthafte Auseinandersetzung mit euch selbst.

Es gibt verschiedene buddhistische Wege. Die Lehren unterscheiden sich voneinander genauso wie die verschiedenen Varianten der Praxis. Ihr müßt es ausprobieren. Aber »Zen« und »Tibetischer Buddhismus« sind an sich schon ein Hindernis. Über Tantra lesen oder die Lehre des zehnten Dalai Lama: das allein bringt nichts. Oder Zen: das ist eine eigene Schule, die hat einen großen Hintergrund, den gesamten chinesischen Buddhismus. Jetzt komme ich daher, geradewegs aus Japan, und wir haben in Japan eine ganz spezielle Zen-Form, die im Westen ja inzwischen auch ganz gut bekannt ist. Aber genau diese – japanische – Form wird leicht zum Hindernis. Doch es tut sich auch etwas. Zum Beispiel haben wir in Asien ja meistens noch eine Männergesellschaft. Aber die buddhistischen Lehrer geben sich große Mühe, und jetzt gibt es schon viele westliche Lehrer und auch Lehrerinnen. Das finde ich eine sehr fröhliche Entwicklung.

In der heutigen Zeit sollte man vorsichtig damit sein, sich schnell mit einer Lehre zu identifizieren – zum Beispiel mit dem Zen – und dann japanische Kleider anzuziehen oder ähnliches. Das kann für die eine oder andere Person hilfreich sein, es ist eine individuelle Entscheidung. Aber das kann heute nicht mehr der allgemein gültige Weg sein. Auf diese Weise, mit Hilfe einer bloßen Identifizierung, können wir die Probleme unserer Zeit nämlich nicht lösen. Meine Aufgabe ist, als Vermittler mit diesen Problemen bewußt umzugehen. Wenn von euch aus Europa christliche Geistliche nach Asien kommen, ist ihre Aufgabe umgekehrt die gleiche. Sie sollen Vermittler sein, damit wir uns in Asien mit unseren eigenen Problemen auseinandersetzen, mit Hilfe und Unterstützung der christlichen Tradition, die sie uns bringen.

Sie können also nicht eine 2000 Jahre alte Lehre einfach bloß wiederholen und so anbieten; und wir nicht eine 2500 Jahre alte. Das funktioniert ja nicht, damit können wir die heutigen Probleme gar nicht lösen. Wir können heute nicht mehr sagen: »Tibetischer Buddhismus ist gut, Zen ist gut. Vergessen wir doch einfach die Computer und die so unerfreuliche heutige Zeit.« Oder: »Meine spirituelle Entwicklung ist das einzige, was mich interessiert, das ist mein eigener Bereich.« Nein. So lösen wir gar nichts. Wir alle kommen aus den wohlhabenden Ländern, und diese Wohlstands-Gesellschaften sind verantwortlich für die Entwicklung der ganzen Menschheit. So sehe ich das.

Im Vergleich mit den Menschen in den armen Ländern hast du alles. Wir haben alles und empfinden es als selbstverständlich. Aber die anderen wollen auch Fahrräder, Waschmaschinen, Computer haben. Sie empfinden es als Problem, daß sie keine besitzen. Die Menschen mitten im Wohlstand haben solche Probleme nicht mehr, sie haben andere: seelische, psychische Probleme. Aber mitten in diesem Wohlstand können die Menschen hier durchaus eine Möglichkeit finden, den richtigen Weg zu wählen. So gesehen geben die äußeren Bedingungen neue Impulse und eine neue Zugänglichkeit zum Weg der seelischen Reifung.

Die Menschen in den reichen Ländern leiden unter seelischer Armut. Ich hoffe, daß sie durch die Begegnung mit dem Buddhismus – oder auch mit dem Hinduismus und so weiter – wacher werden. Das ist entscheidend, weil diese seelisch leidenden Menschen eine wahnsinnige Macht haben gegenüber den Armen der Welt. Die werden gar nicht als eigene, eigenständige Gesellschaften akzeptiert, sie werden wie eine Minderheit behandelt. Fertig. Natürlich kann man dieses große Problem auf der Welt nicht allein lösen. Aber trotzdem müssen wir uns auf dieser Grundlage ernsthaft mit uns selbst auseinandersetzen. Wir setzen uns nicht hin und halten Schmerzen aus, um etwas zu erreichen. Nein, das Sitzen und diese Auseinandersetzung mit sich selbst, das *ist* gerade die Praxis des Weges. Wenn es so geht, dann ist jede Praxis gut:

tibetischer Buddhismus, Theravada-Buddhismus, Zen-Buddhismus, christliche Meditation, christliche Kontemplation oder auch verschiedene Therapieformen.

Die lebendigste, kreativste Periode in unserer Tradition war die Zeit vor tausend Jahren. Damals wurde in China der Buddhismus einfach verboten. Wer buddhistischer Mönch oder buddhistische Nonne bleiben und sich den Kopf rasieren wollte, wurde gefangengenommen. Zehntausende von ihnen wurden ermordet.

Nur die Zazen-Praktizierenden ließen sich einfach die Haare wachsen, genau wie es der Kaiser befahl. Sie lebten arm als Obdachlose und waren als komische Vögel bekannt. Auf diese Weise überlebte das Zen. Heute nennt man diese Leute Zen-Meister, aber damals waren es ganz einfach Zen-Übende. Wir können von ihnen lernen: sie hatten keine falschen, rosaroten Hoffnungen, keinen Aberglauben. Sie setzten sich aktiv mit ihrem eigenen Leben in dieser Zeit in China auseinander. Das war ihre Praxis der Rede, des Gehens und des Sitzens.

Es kann sein, daß die heutigen Menschen hier im Westen vor allem und zuerst eine seelische Stütze brauchen. Für manche ist es vielleicht eine Hilfe, wenn sie einer großen Persönlichkeit vertrauen können. Gut. Vertrauen ist auch ein Weg. Aber Zen ist anders, Buddha ist anders. Das möchte ich immer wieder betonen. Wenn jemand selber gehen will, ermutige ich ihn. Wenn das jemand aber nicht gut findet, dann kann ich nichts machen. Wenn ich japanische Küche anbiete und mich anstrenge mit dem Kochen, dann steht endlich gutes japanisches Essen auf dem Tisch. Vielleicht sagt dann jemand: Das brauchen wir nicht. Ja, dann braucht ihr nicht zu kommen. Ich koche für euch aus dem ganzen Herzen, und das sollte ein Essen für Leib und Seele sein. Aber jeder hat natürlich einen anderen Geschmack, manchen schmeckt diese Art nicht. Oder jemand ist schon völlig satt. So jemanden will ich nicht drängen. Aber man sollte nicht sagen: Du kochst falsch! Ich koche eben so.

Das ist, so finde ich, eine sanfte Art. Ihr habt viele Möglichkeiten und ihr habt die Auswahl, ihr könnt heute alles lernen, alle geistigen Schätze der Menschheit kennenlernen. Aber nochmal: Der Maßstab ist dein eigenes Leben, der Maßstab ist deine Aufgabe hier in dieser Gesellschaft. Du muß dich mit deinen Problemen auseinandersetzen, in der Familie, im Beruf und so weiter. Unsere westliche Gesellschaft ist mit den Problemen auf der ganzen Erde verbunden, weil diese Gesellschaft die Spitze der ganzen Welt ist. Spitze bedeutet Macht, nicht unbedingt Sich-Wohlfühlen. Die moderne Gesellschaft hat viele guten Seiten, trotzdem ist sie in vielen Bereichen sehr krank. Die Menschen in dieser Gesellschaft seelisch zu heilen, darum geht es.

Das Heilen aber findet mitten in unserer Zeit statt, wir leben heute. Heute verehren wir einen Arzt nicht wie vor tausend Jahren einen Gott oder wie den Buddha. Trotzdem können wir die Unterstützung aus der alten Zeit annehmen. Wenn Lehre und Praxis reif geworden sind, dann decken sie das ganze Leben ab, Essen, Gehen, Schlafen. Auf diese Weise ist die Soto-Schule in Japan durch die Übung im Kloster im Lauf der Jahrhunderte reif geworden. Das ist die eine Seite. Die andere Seite: das läuft schon ziemlich lange so. Deshalb gibt es heute unvermeidlich Formalismus.

Dogen Zenji sagt im *Zuimonki*: »Um eine solche Entschlossenheit aufzubringen, muß man in der Tiefe des Herzens die Vergänglichkeit der Welt bedenken.« Die Vergänglichkeit der Welt ist nichts anderes, als die heißgeliebte Freundin oder den heißgeliebten Freund verlieren. Wenn man tief verliebt ist, ist ein anderer Mensch die ganze Welt. Auch ein Kind kann die ganze Welt sein, der ganze Sinn des eigenen Lebens.

Wenn man nur auf dem Kissen Zazen übt und ansonsten weiter im Halbschlaf vor sich hinlebt, dann ist das keine Übung. Das ist Flucht. Und es ist die Vergeudung deines Lebens, eine Vergeudung, die auf dem Leid der anderen Menschen basiert. Warum? Weil unser Luxus immer auf dem Leid der anderen beruht.

Im *Zuimonki* heißt es: »Wenn ich morgens den Weg erfahren habe, kann ich abends ruhig sterben.« Heute denken die Leute nicht so; heute denken viele: »Wenn ich morgens *satori* habe, kann ich abends schon Meister sein.« Das ist keine ernsthafte Übung, das ist Spielerei. Es ist gerade Ausdruck der Krankheit in dieser Gesellschaft.

Allmählich aber bekommen wenigstens einige ein Gefühl dafür, was Buddhismus ist. Ihr denkt vielleicht, der Buddhismus habe sich immer weiter entwickelt, in einer geraden Linie. Aber das stimmt nicht. Der Buddhismus entwickelte sich immer in einer bestimmten Zeit und in einem konkreten Raum. Für euch kann es also keine gerade Entwicklungs-Linie geben vom Theravada über das Mahayana zum Vajrayana. Vom Wesen der Geschichte her geht das gar nicht. Wenn es so eine lineare Entwicklung gäbe, dann wäre Buddha Shakyamuni ja das am allerwenigsten entwickelte Wesen, weil er der Anfang war.

Wenn jemand Vipassana oder Theravada übt und die anderen sagen, Vajrayana wäre die höchste Entwicklungsstufe des Buddhismus, dann müßten die Vipassana-Übenden zu den Vajrayana-Übenden sagen: »Gut, wir sind also im Kindergarten und ihr seid in der Universität.« Ist das so? Nein. Ich höre gerne westliche Musik, Gregorianik und Bach; mit Wagner kann ich weniger anfangen. Wenn die spätere Zeit die höhere Entwicklung wäre, dann wäre Wagner das Höchste und die Gregorianik der Kindergarten. Meine Seele empfindet nicht so. Bitte mach die Augen ganz auf – Zen oder Theravada oder christliche Kontemplation: alles ist nur in deinem Herzen. Deine konkrete Aufgabe ist, daß du dich mit deinem eigenen Leben und deinem eigenen Leiden auseinandersetzt. Darin besteht deine Praxis, und das wäre dann zugleich eine Praxis zum Wohl aller.

Töte den Buddha! – Frauen und die Lehre

Einmal fragte ein Mönch den berühmten chinesischen Zen-Meister Unmon (864 – 949): »Wer Vater oder Mutter tötet, der kann vor dem Buddha bereuen. Wer Buddha und die Dharmavorfahren tötet, wo kann der bereuen?« Unmon antwortete: »Offenkundig.«

Der kürzlich verstorbene Morinaga Roshi hat diese Geschichte in seinem Kommentar zum Podiumsutra erläutert: »Vater und Mutter töten und beim Buddha bereuen, das bedeutet: Die Fesseln der gesellschaftlichen Konventionen durchschneiden und der Lehre Buddhas zu folgen. Buddhas und Dharmavorfahren töten bedeutet, die Fesseln der Lehre und die Fesseln der Form der Übung durchschneiden.«

Dinge dieser Art habe ich selber erfahren. Als ich Mönch werden wollte, waren meine Eltern sehr enttäuscht, weil das für sie das Ende aller Karriereträume bedeutete. In Japan kann man sich die eigenen Karrieremöglichkeiten ausrechnen, je nachdem, an welcher Universität man studiert hat. Zum Beispiel haben alle höheren Staatsbeamten einen Abschluß der Universität Tokio, an der auch ich studierte.

Und da wollte ich Mönch werden. Damit stellte ich mich direkt gegen meine Eltern. Aber ich hatte einen Lehrer. Dieser Lehrer verkörperte für mich den Buddha-Weg oder sogar den Buddha selbst. Ich vertraute mich ihm an und wollte mich von ihm leiten lassen. Dieser Weg war 2500 Jahre alt. Insofern überlegte ich: Diese Entscheidung ist nicht einfach gegen meine Eltern, sondern für die 2500 Jahre. Ich gehe den Weg, den seit 2500 Jahren viele Menschen gegangen sind. Das ist eine Bestätigung dafür, daß die

Entscheidung richtig ist, obwohl sie gegen die »gesellschaftlichen Konventionen« verstößt, wie Morinaga Roshi sagt.

Später kam die Überlegung, nach Deutschland zu gehen. Das gab einen Konflikt mit meinem Lehrer; der hat mich geprüft und mich sehr eindeutig gewarnt; nein! hat er gesagt. Diese Situation war sehr viel komplizierter. Da genügte Überlegen nicht mehr – ich habe Zazen geübt. Meine existentielle Frage damals war: Welches Recht habe ich, etwas so Grundlegendes gegen die Meinung meines Lehrers zu tun? Ich habe ihn immer respektiert, bis zu seinem Tod. Aber es ging um mehr als »respektieren«, es ging tatsächlich um die Dharma-Linie als solche: Buddha, Bodhidharma, die chinesischen Zen-Meister, Huineng, die Soto-Linie in China, und dann Dogen Zenji und die gesamte Soto-Linie in Japan. Das alles verkörperte mein Lehrer. Meine brennende Frage im Herzen war: Wenn ich gegen den Willen meines Lehrers nach Deutschland gehe, stelle ich mich gegen diese Linie. Kann ich das tun? Kann das richtig sein?

Ich mußte unbedingt zu einer wirklichen inneren Überzeugung kommen, völlig klar sehen, was ich tue, was ich tun will. Das hört sich jetzt ganz leicht an, aber so leicht war es nicht. Ich lebte damals im Bergkloster Hokyoji, das zu Eiheiji gehört; es war tiefer Winter, der Schnee lag meterhoch. Das Kloster ist mehrere hundert Jahre alt, und deshalb gibt es keine Heizung. Dort übte ich in einem kleinen Raum Zazen, im Mausoleum des Klosters, eingewickelt in drei Decken; ich wollte so lange Zazen üben, bis meine innere Stimme klar würde.

»Die Fesseln der gesellschaftlichen Konventionen durchschneiden und der Lehre Buddhas folgen« – da spürt man die Sicherheit. Bei der ersten Lebensentscheidung, als es darum ging, Mönch zu werden, habe ich entdeckt: Die Dharma-Vorfahren sind auf diesem Weg gegangen, mein Lehrer, meine Lehrerin und die anderen Mönche und Nonnen. Das war eine klare Entscheidung.

Aber das zweite: Buddhas und Dharmavorfahren töten – das bedeutet, sich klar gegen den Willen des Lehrers stellen, der immerhin sagte: »Sei nicht verrückt, sei nicht blind!« Was konnte ich dagegen vorbringen? »Ich bin nicht blind!«? Das hätte keinen Sinn gehabt. In diesem Fall mußte ich etwas tun, ich konnte nicht mehr argumentieren. – Mit dem Kloster selbst war es ähnlich: Ich mußte das Kloster verlassen, ich mußte Dogen verlassen, wenn ich nach Deutschland gehen wollte. Man kann natürlich sagen, das ist doch eigentlich kein Problem, in Japan darf man doch das Kloster verlassen. Aber das ist äußerlich. Ich brauchte die innere Überzeugung, wirkliche Klarheit. Klarheit bedeutet: eine große Entschlossenheit, eine große Entschiedenheit – dabei aber ohne Hochmut. Man muß tief erkennen, wie klein man ist, aber trotzdem die eigene Entscheidung hundertprozentig vertreten: »Das *muß* ich tun.«

Morinaga Roshi sagt: »Buddha und Dharmavorfahren töten bedeutet, die Fesseln der Lehre und die Fesseln der Form der Übung zu durchschneiden.« Ja, das ist der Kern. Das sehe ich als das wirklich Buddhistische daran. Dieser Geist ist der Hauptstrom der gesamten buddhistischen Geschichte. Und wenn ich »buddhistisch« sage, dann meine ich nicht das, was man im Lexikon nachschlagen kann.

Kürzlich bekam ich hier eine buddhistische Zeitschrift mit dem Schwerpunkt »Frauen im Buddhismus« in die Hand. Als ich die Zeitschrift öffnete, sah ich als erstes: lauter diskriminierende Worte gegen Frauen. Und darüber stand: »Worte Buddhas.« Mein Gedanke war: Warum tut ihr das, was wollt ihr damit?

Wenn man mit alten Texten umgeht, ist als allererstes wichtig die Textkritik. Die habt doch ihr im Westen entwickelt, oder? Ohne Textkritik braucht man heute überhaupt nicht mehr anzufangen. Ohne Sprachwissenschaft kann man überhaupt nicht entscheiden, ob irgendwelche Worte die Worte Buddhas sind oder nicht. Und tatsächlich ist da viel unklar. Eins aber kann man in den Texten inzwischen recht sicher analysieren: die Schichten der Entstehung. Zum Beispiel gibt es bestimmte Wörter in einem Text, von denen man weiß, daß sie erst ab dem 5. Jahrhundert nach Buddha in Gebrauch waren; 500 Jahre vorher können sie also gar nicht benutzt worden sein. Wo ein solches Wort auftaucht, bedeutet das: dieser Text kann nicht wörtlich von Buddha stammen.

Diese Methode habt ihr entwickelt, und zwar an den Worten von Jesus in euren heiligen Schriften. Jeder weiß zum Beispiel, daß das Auferstehungskapitel jüngeres Material ist. Im älteren Textmaterial wird viel weniger ausgesagt. Bei den buddhistischen Text-Sammlungen ist das hochkompliziert. Der Pali-Kanon ist heute nicht nur in den asiatischen Ländern, sondern weltweit verbreitet, aber er ist erst viele hundert Jahre nach Buddhas Tod aufgezeichnet worden. Bis dahin wurde alles mündlich überliefert. Man darf allerdings auch das nicht unterschätzen. Die mündliche Überlieferung damals war ziemlich zuverlässig, eigentlich sicherer als die schriftliche. Erst als man mit dem Aufschreiben angefangen hat, ging eine ganze Menge verloren.

Diese alten buddhistischen Texte muß man also unbedingt mit den Methoden der Textkritik lesen. Man sollte niemals irgendwelche Stellen zu einem bestimmten Thema aus dem Pali-Kanon sammeln, zum Beispiel über Frauen, und dann behaupten, Buddha habe das so gesagt. Genau wie bei Jesus: erst waren es sehr wenige Schriften; aber je länger er tot war, desto umfangreicher sind die Geschichten und Berichte über ihn geworden. Man kann da auch nicht so einfach behaupten, Jesus habe dies und jenes gesagt. Nicht anders ist es beim Buddha. Das müßt ihr unbedingt wissen.

Deswegen war ich völlig entsetzt. Europäische buddhistische Zeitschriften sollten nicht solche elementaren Fehler machen. Mit eurer eigenen Tradition seid ihr doch auch sehr kritisch. Was hat Jesus angeblich alles gesagt? Und vieles, was die Kirche heute verkündet, wird auch nicht mehr akzeptiert, oder? Das hat dann nicht mehr nur mit Textkritik zu tun. Man muß mit dem eigenen Kopf nachdenken: stimmt das, stimmt das nicht? Sagt das die Kirche, oder hat das Jesus selbst gesagt? Das fragen sich die heutigen Christen immer. Man kann das herausfinden, aber man muß dazu ein wenig in die Bücher schauen.

Mit den buddhistischen Texten müßt ihr ganz genauso umgehen. Das ist komplizierter, weil wir in Asien alle möglichen Texte als »Buddhas Worte« akzeptiert haben, von denen wir ganz genau wissen, daß sie später geschrieben wurden. Das ist eben unsere Tradition. Auch Dogens Worte gelten heute als anerkannte heilige Schriften. Bei euch gibt es als anerkannte »Heilige Schrift« nur die Bibel, und das bleibt so. Aber bei uns werden die »heiligen Schriften« immer mehr. In ein paar hundert Jahren sind wahrscheinlich die Bücher des jetzigen Dalai Lama auch wichtige Shastren, und die von Thich Nhat Hanh ebenfalls.

Aber ein zweiter Punkt zum Umgang mit den alten, heiligen Texten ist noch viel wichtiger: Gesetzt den Fall, Buddha habe das alles wirklich gesagt. Warum sollten wir es dann einfach annehmen? Wir lesen diese »Worte Buddhas« – und dann kritisieren wir sie eben. Wir sagen: So geht es nicht! Und es ist völlig egal, von wem die Worte stammen. Das ist dynamischer Umgang mit Texten.

Wenn diese Dynamik fehlt, was wollt ihr denn dann Neues lernen, was soll dann neu sein an dem »Buddhistischen«? Wollt ihr womöglich alte Sutren und Shastren aus Theravada, Hinayana oder Mahayana samt all ihren Diskriminierungen sammeln und auswendig lernen? Wollt ihr das einfach wiederholen?

Geht es darum, buddhistische Schriften nachzuplappern? Oder geht es im wesentlichen darum, die dynamische – also: die buddhistische – Denkweise als Lebensweisheit zu lernen? »Dynamische Denkweise« bedeutet: sich mit jedem Material, mit jedem Problem offen auseinandersetzen. Das ist nichts anderes als das Erkennen des Selbst, das Erkennen der Wahrheit. »Buddha und die Dharmavorfahren töten« – das ist die Konsequenz dieser Auseinandersetzung.

Diese Art der Auseinandersetzung ist das Wichtigste – das ist Zazen-Praxis. Im Zazen befreien wir uns ständig von einengenden Ideen, von den Gedanken der alten Autoritäten. Im Zazen durchleben wir uns selber neu und wirklich klar; wir erkennen, wie die Welt ist, wie ich bin. Wir selbst schaffen diese Klarheit, und aus dieser Klarheit kommen wir von selbst dazu, die Autorität der Tradition anzuerkennen. Aber *niemals* tun wir etwas nur deshalb, *weil es so geschrieben steht.*

Das Geschriebene ist für uns Hinweis, Lehre oder Anleitung. Aber es gibt nur eine Möglichkeit, wie wir die Anleitung und den Hinweis als wahr oder falsch erkennen können: die eigene Erfahrung, die allerdings wiederum von der alten Weisheit gestützt wird. Diese Dynamik müssen wir ständig praktizieren: gleichzeitig völlig frei sein und völlig bescheiden, völlig selbständig und völlig demütig vor der großen Weisheit der Alten.

Frauendiskriminierung in den buddhistischen Schriften finden – das kann jeder. Alle Welt weiß: Seit mehreren tausend Jahren herrscht fast überall auf der Welt eine Männergesellschaft. Überall werden die Frauen diskriminiert. In Asien, aber auch hier in Europa, wenn auch hier inzwischen vielleicht etwas weniger. Allerdings im religiösen Bereich heute noch: Katholische Priesterinnen gibt es nicht, evangelische, anglikanische und altkatholische gibt es jetzt – darüber streitet man sich sogar ganz aktuell. Und dann sucht ihr im buddhistischen Kulturkreis? Ja sicher, es gibt im Rinzai-Orden keine weiblichen Roshi, und ähnliches. Aber Moment! Wir müssen die gesellschaftliche Struktur verstehen, die strukturelle Diskriminierung. Diese Struktur reicht tiefer als »buddhistisch« oder »christlich« oder »islamisch«.

Das müssen wir verstehen, und dabei geht es um *avidya*, unsere eigene grundlegende geistige Blindheit. Die Worte Buddhas sind Material, genauso wie die Worte von Jesus oder Mohammed, und wir stehen ihnen *heute* gegenüber, als lebendige Menschen. Wenn wir etwas fanatisch glauben, sehen wir nicht mehr klar. Was diese drei gesprochen haben – das taten sie in einer ganz bestimmten historischen, sozialen, gesellschaftlichen Situation. Und in diesem begrenzten Bereich haben sie alle getan, was sie tun konnten.

Aber genau deshalb dürfen wir heute nicht einfach nachsprechen, was Buddha gesagt hat. Wir können es lesen und es uns merken. Dann kommt es darauf an, was wir heute daraus machen. Es ist bekannt, daß es in jedem buddhistischen Land für Frauen viel mehr Sittlichkeitsregeln gibt als für Männer. Wenn etwa die Mönche 227 Regeln haben, dann haben die Frauen 311, wenn es 250 für Männer sind, dann sind es 348 für Nonnen. Das kam so: Buddha hat damals immer dann neue Regeln festgelegt, wenn es Auseinandersetzungen gegeben hatte. Zum Beispiel war da einmal eine Schülerin Buddhas, die sich als Nonne genauso kleidete wie vorher. Da sagte jemand zu Buddha: »Ihre Schülerin hat die Brust frei, das ist doch zu auffällig, oder? Können Sie keine Regeln finden?« Dann gab es eine Kleiderregel für die Frauen.

Das ist die pragmatische Seite. Es gab aber auch eine bestimmte Zeit, wo in buddhistischen Schriften direkt gegen die Frauen gesprochen wurde, wie in einigen Mahayana-Sutren. Vor allem das Lotos-Sutra ist bekannt dafür. Ursprünglich war das Lotos-Sutra philosophisch sehr tief und von großer Weisheit und Toleranz geprägt. Aber später wurde diese Strömung an den Rand gedrängt, und der Blickwinkel wurde immer enger und enger. Es war ein bißchen wie bei den heutigen fundamentalistischen Bewegungen. Deswegen findet man im Lotos-Sutra später hinzugefügte Teile, die ziemlich fanatisch und aggressiv klingen. »Wer dieses Sutra nicht glaubt, stürzt in die Hölle ab.« Oder: »Wer einen Menschen, der dieses Sutra glaubt, verletzt oder tötet, kommt niemals mehr aus der Hölle heraus.« Ständig Drohungen. Außerdem steht dort: »Frauen sind sündig und haben keine Möglichkeit, Erleuchtung zu erreichen.« Deswegen sollen sie alles dafür tun, damit sie im nächsten Leben Männer werden. Nur als Mann haben sie die Chance, Erleuchtung zu erreichen.

So etwas sollen wir als »buddhistisch«, als Wahrheit annehmen? Mit dem Namen Buddhas? Nein! Etwas *Buddhistisches* lernen heißt doch nicht: buddhistische Schriften auswendig lernen und wiederholen! Nein! Ich sehe da: Die Europäer sind zu brav. Wir in Asien sagen: Das ist schon gut, die Sutren und Shastren, der Name Buddhas – alles Klopapier. Und die Europäer? Sie zählen auf: Erste Seite, zweite Seite – das sind die Worte Buddhas, und die Worte diskriminieren Frauen! Das schreiben sie dann so hin, in voller Überzeugung, das sei die Wahrheit. Aber wenn ihr es wirklich glaubt: warum kämpft ihr dann nicht gegen Buddha, gegen diesen Buddha in eurem Kopf? Das wäre eure Sache!

Die Neigung zur Diskriminierung ist keine Sache der Vergangenheit. Im Westen ist es seit ganz kurzer Zeit ein kleines bißchen freier. In Asien dagegen gilt noch immer die konfuzianische Sozialordnung. Dort heißt es: »Frauen haben drei Pflichten. Ihrem Vater dienen, ihrem Ehemann dienen, ihrem Sohn dienen. Dafür sind sie in diese Welt geboren.« Das ist konfuzianisches Denken. Auch in Korea und Japan bestimmt die konfuzianische Struktur der Männergesellschaft das Denken wie das Verhalten. Auch das wird »buddhistisch« genannt. Dabei ist es bloß so: Die buddhistischen Priester waren und sind Männer, männliche Menschen in dieser konkreten Gesellschaft, in der viele Diskriminierungen herrschen.

Vielleicht sagen einige: »Frauen sind eifersüchtig, dumm und geizig! Buddha hat das gesagt, es steht ja auf der ersten Seite in dieser Zeitschrift!« Da kann ich nur wieder sagen: So geht es nicht! Wir müssen heute frei über diese Dinge nachdenken: Wer hat das gesagt? Und wann?

Wie sieht es in den buddhistischen Ländern aus? In Sri Lanka haben sie aus den Nonnen Dienerinnen der Mönche gemacht. Nonnen brauchten sie nicht mehr. Fertig. Sie hatten keine volle Ordination mehr für die Frauen. Deswegen bekamen westliche Nonnen zuerst massive Schwierigkeiten in Sri Lanka. Dann haben buddhistische Nonnen aus dem Westen den Impuls für Asien gegeben und ein internationales Nonnennetzwerk aufgebaut. Das ist erst zehn Jahre alt, das muß noch wachsen.

Korea ist buddhistisch und konfuzianisch. Darüber habe ich einen Dokumentarfilm gesehen. Die aktivsten und kreativsten Frauen in Korea sind – christliche Nonnen. Die Männer betrachten diese Frauen erstaunt: sie sind gebildet und sagen alles offen, sie ordnen sich keinem Mann unter. Sie ordnen sich ihrem Gott unter, aber nicht den Männern. Für die Gesellschaft dort ist das unvorstellbar.

So wirkt westliches Denken dort in Asien – befreiend. Hier sollte es umgekehrt sein, ein neuer, befreiender Impuls aus dem Osten! Hier bedeutet »buddhistisch«: vegetarisch essen, Welt- und Umweltbewußtsein, Frauenbewegung, alles inklusive. Diesen Austausch finde ich gut – auf diese Weise finden wir in Ost und West das Wesen des christlichen *und* das Wesen des buddhistischen Denkens auf neue Weise. Und das muß immer weitergehen.

Deswegen war ich sehr erstaunt, ja, eigentlich entsetzt, daß die buddhistischen Texte in dieser deutschsprachigen Zeitschrift so einfältig interpretiert wurden. Damit grabt ihr eure eigene alte Tradition wieder aus: die Kirche sagt so und so, und wir sagen es alle nach. Buddha hat so und so gesagt, und wir sagen es nach. Nein! Die Schriften sind keine Autorität! Autorität ist nur unsere eigene ernsthafte und aufrichtige Auseinandersetzung mit jedem Problem, mit jeder Aufgabe.

Wie alt ist denn die Frauendiskriminierung? Ich habe in der Schule gelernt: Als die Menschen die Gesellschaft noch nicht so kompliziert eingerichtet hatten, gab es eine Gesellschaft der Mütter. Warum? Weil die Frauen immer wissen, welche Kinder zu ihnen gehören. Und außerdem ist ja auch bekannt, daß die Frauen viel stabiler sind als die Männer, biologisch und emotional. Das war wohl keine schlechte Zeit, bis vor mehreren tausend Jahren.

Im japanischen Fernsehen habe ich vor kurzem einen Dokumentarfilm über Süd-China gesehen, über eine Region direkt nördlich von Vietnam. Dort gibt es heute noch ein kleines Volk, das als Frauengesellschaft funktioniert. Junge Männer und junge Frauen treffen sich und verlieben sich, und Männer und Frauen heiraten auch. Aber die Oma sitzt da. Die Mutter sitzt da. In dem Film hatte die Tochter gerade geheiratet, aber der Ehemann durfte sie gerade mal besuchen kommen. Fertig. Besitz und Familienstruktur – alles ist in der Hand der Frauen. Die Männer arbeiten in der Familie ihrer Frau, und sie haben Kinder mit ihnen. Aber sie besitzen nichts. Sie wohnen auch nicht bei ihrer Familie, die Männer wohnen gemeinsam. In dem Film saßen ein alter und ein junger Mann bescheiden an der Ecke des Hofes und haben sich unterhalten. Eine richtige Frauengesellschaft.

So gesehen muß man sagen: Die heute in Ost und West dominante Männergesellschaft ist kein Zwang der Natur. Wir haben sie produziert, wir haben sie gemacht. Die christliche, die buddhistische, die islamische Tradition: die sind auch nicht so von Ewigkeit, die haben wir so gemacht. Die Wurzel ist die soziale Entwicklung.

Und jetzt? Die heutige Struktur muß sich ändern, aber das geht nicht von heute auf morgen, das dauert ein paar hundert Jahre. Aber wir leben mitten in dieser großen Änderung. Die Autorität dafür ist nicht Buddha, sondern der aufrichtige Geist in uns selbst. Trotzdem müssen wir bescheiden sein. Meister aus der alten Zeit können uns schon Vorbild dienen.

Befreiung ist nichts anderes, als uns von der in uns angelegten Tendenz zur Diskriminierung zu befreien. Wenn wir glücklich leben wollen, dann können wir das nur miteinander. Wir müssen wirklich in jedem Bereich die Augen aufmachen und die Strukturen jeder Art von Diskriminierung untersuchen:

Deshalb möchte ich Morinaga Roshi so ergänzen: Jede Überzeugung von heute sofort wieder hinter sich lassen. Du mußt frei werden! Wenn man das so sieht, ist das Wort oben von Meister Unmon ziemlich hart. Er hat auch gesagt: »Tag um Tag ist guter Tag.« Furchtbar, was er da gesagt hat! Was für eine Anstrengung! Jeder Tag muß ein guter Tag werden! Jeden Tag Buddha töten, das ist anstrengend. Jeden Tag einfach im eingefahrenen Denken und Handeln verharren, das ist doch viel gemütlicher. Aber wenn wir das tun, dann versäumen wir das Leben.

Zen als Mahayana-Schule

Um den Beginn der christlichen Zeitrechnung entstand in Indien eine buddhistische Reformbewegung, zunächst von Laien-Buddhisten angeführt, die Stupas als Stätten der Verehrung errichteten und sich dort versammelten. Diese Leute kritisierten die Mitglieder der etablierten buddhistischen Orden, die damals von reichlicher materieller Unterstützung lebten, aber in der Hauptsache komplizierte philosophische Lehrsysteme und umständliche Dogmen entwickelten und darüber die religiösen Bedürfnisse der Laien vergaßen.

Nach und nach verließen selbstkritische Mönche und Nonnen ihre Ordensgemeinschaften und teilten ihr Leben mit solchen Laien-Gruppen. Sie betonten, ihre Praxis sei das *Mahayana*, das »große Fahrzeug«, durch das alle Menschen gerettet werden sollten. Dagegen kritisierten diese Mahayana-Leute die scholastischen Ordensschulen als *Hinayana*, als »kleines Fahrzeug«, weil darin eben nur die Mönche und Nonnen Platz hätten, die als Hauslose im Kloster lebten. Deren Lehre und Praxis – der sachliche Name dafür ist *Theravada* – blieb zwar die Grundlage für die spätere Entfaltung des Buddhismus, wurde aber von der neuen Laienbewegung für zu theoretisch und kompliziert befunden.

Allmählich entwickelte sich eine eigene Mahayana-Lehre mit folgenden Merkmalen:

(1) Die Gestalt, der alle religiöse Verehrung und alles Vertrauen gilt, ist nicht mehr der Mensch Gotama, sondern der »kosmische Buddha« in Einheit mit der kosmischen Wahrheit.

(2) Statt der komplizierten Analyse aller Existenz wird die *shunyata*-Leerheit der neue Kern der Mahayana-Lehre. Diese

Leerheit ist ursprünglich nichts anderes als die Wiederbelebung der alten grundlegenden Lehre Buddhas vom »Entstehen in Abhängigkeit«, *pratitya samutpada*.

(3) Aus dieser Lehre von der *shunyata*-Leerheit ergibt sich das Wesen des Buddha: Große Weisheit, *prajna*, und die daraus fließende Güte und das tätige Mitfühlen mit allen Wesen, *maitri-karuna*.

(4) Die *prajna*-Weisheit und das große Mitgefühl *maitri-karuna* prägen das *Bodhisattva*-Ideal, wesentlichstes Kennzeichen des Mahayana-Buddhismus. Dabei bedeutet *bodhi* soviel wie »aufgewacht«, *sattva* soviel wie »Lebewesen« allgemein, insbesondere aber menschliches Lebewesen. »Selbst aufwachen und die anderen zum Aufwachen bringen« – das ist das Praxisziel des Bodhisattva, und aus dieser Mahayana-Sicht sollte jeder Mensch ein Bodhisattva sein.

Kern der Mahayana-Praxis ist *dhyana*, meist mit »Versenkung« oder »Meditation« übersetzt, in den verschiedenen Schulen jedoch ganz unterschiedlich interpretiert. Generell ist *dhyana* eine Meditationspraxis im Sitzen. In den alten Schulen des Theravada und auch des Mahayana lehrt man verschiedene Stufen des *dhyana*. Dabei führen die Konzentration auf den Atem, die Körperbetrachtung und ähnliche Methoden schließlich zu einem objektlosen, nicht-dualistischen Bewußtseinszustand, der *samadhi* genannt wird.

In den chinesischen Zen-Schulen wird *dhyana* zu einem allumfassenden Begriff entwickelt. *Dhyana* im Zen enthält dann nicht nur alle früher überlieferten *dhyana*-Meditationsübungen, sondern wird – etymologisch gewandelt zu chinesisch *chan* und japanisch *zen* – zum Namen der gesamten Lehre und Praxis. Deren Grundbestand bleiben die »Vier edlen Wahrheiten« und der »Achtfache Pfad«. Im System der »Dreifachen Schulung« (*trishiksha*) sind alle Aspekte zusammengefaßt:

shila - Schulung des rechten Verhaltens (»Sittlichkeit«)
samadhi - Schulung des Geistes
prajna - Schulung der Weisheit.

Nach der Lehre des Zen ist *zen* also weitaus mehr als das ursprüngliche *dhyana*. Es ist nicht mehr ein Begriff für die verschiedenen Stufen geistiger Versenkung. Es ist vielmehr die »Verwirklichung der Wahrheit des Weges selbst« geworden. Kultur- und geistesgeschichtlich gesehen ist *chan* beziehungsweise *zen* die Synthese von indischem meditativem Geist mit chinesischem realistischem Geist.

Indischer Geist erforscht die Einheit des Universums und entwickelt das *yoga*-System als konkrete Meditationsübung in der universellen Wahrheit. Dieser geistig-religiösen Welt steht in Indien die alltäglich-profane Welt gegenüber; die Religion steht partiell außerhalb und in jedem Fall über der profanen Welt.

In China dagegen ist Religion stets in die gesamte profane, politische und soziale Ordnung eingebettet, deren harmonisches Funktionieren den obersten Wert darstellt. Die patriarchale Familienstruktur im kleinen ist das Bild für die kaiserliche Staatsordnung im großen, die Religionen sollen dieser Ordnung dienen. Das Interesse des realistisch-pragmatisch orientierten chinesischen Geistes gilt bevorzugt der Erforschung politisch-sozialer Zusammenhänge. Dabei kommt von der Seite des Konfuzianismus die praktische Ethik, von der Seite des Taoismus das Gefühl für die umfassende kosmische Ordnung allen Geschehens. Obwohl Konfuzianismus und Taoismus zunächst einen klaren Gegensatz bilden, ergänzen sie einander später.

Als im ersten Jahrhundert vor der christlichen Zeitrechnung der Buddhismus von Indien nach China kam, wurde er von den Chinesen zuerst taoistisch verstanden. Sieben- oder achthundert Jahre später zeigen die im chinesischen Zen-Buddhismus entwickelten Klosterregeln deutliche Kennzeichen konfuzianischer Ethik und hierarchischen Denkens, aber auch eine sehr praktische Verwurzelung im Alltag. Aus der Perspektive der Menschheitsgeschichte ist das Zen nicht bloß eine von vielen chinesischen buddhistischen Schulen, sondern eine höchst kostbare Kultur-Blüte. Er ist ein Geschenk der beiden bedeutendsten Kulturen Asiens, Indiens und

Chinas, an die Menschheit. Heute geht es darum, dieses Geschenk im Sinne einer neuen Welt-Kultur zu nutzen.

Streifen wir kurz die Geschichte des Zen in China selbst, so stellen wir vier Zeitabschnitte fest: Die erste Zeit ist die des legendären Bodhidharma, des indischen *dhyana*-Meisters, der im 5. oder 6. Jahrhundert nach China kam. Seit dem 1. Jahrhundert waren die Chinesen daran gegangen, indisch-buddhistische Texte zu übersetzen, zu studieren und ein eigenes Lehrsystem zu schaffen. Bodhidharma brachte nun eine neue Integration konkreter *dhyana*- oder *zen*-Praxis in den geistigen Raum des Mahayana, wie er sich damals aus indischer Leerheits-Lehre und deren taoistischer Interpretation gerade entwickelte.

Der zweite Zeitabschnitt, die Tang-Dynastie, 618-917, ist die große, die schöpferische Zeit des Zen, das sich nun als bedeutende, eigenständige Mahayana-Schule entfaltete. Die meisten der bis heute lebendig überlieferten Zen-Geschichten stammen aus dieser Zeit, das Wesen des Zen-Geistes wurde in dieser Zeit geprägt. Jetzt wurde entwickelt, was ich bereits erwähnte: Zen als umfassende Praxis, nicht mehr nur als Übung des »Achtfachen Pfades« oder als »Dreifache Schulung«, sondern Zen als Weg des *prajna*-Erwachens mit dem Grundprinzip: Ausgleich und Einheit von *samadhi*-Meditation und *prajna*-Weisheit. Das bedeutet: Diese Zen-Praxis wird nicht nur beim Sitzen geübt, sondern setzt sich in konkreten Alltags-Aktivitäten weiter fort. Gerade darin zeigt sich das Neue des chinesischen *zen*-Buddhismus gegenüber dem indischen *dhyana*-Buddhismus.

Die Zen-Mönche lebten häufig in Klöstern weitab von den Städten, oft in den Bergen. Das heißt, sie konnten sich nicht mehr über das traditionelle indische Almosen-Wesen ernähren, sondern mußten selbst Landwirtschaft betreiben. Über 500 Menschen lebten da manchmal in einem Kloster zusammen, und in dieser Situation konzentrierte sich die geistige Aktivität auf das Alltagsleben, das heißt, der Geist übte sich »aus der Tiefe des Erwachens heraus« in Garten- oder Küchenarbeit. Dazu kommt, daß die sozial und politisch mitunter chaotischen Zustände im damaligen China die Zen-Leute zu Selbständigkeit und Befreiung von allen Autoritäten geradezu nötigten.

Im Verlauf des dritten Zeitabschnitts (Sung-Zeit, Nord-Dynastie 960-1127, Süd-Dynastie 1127-1279) wird das zuvor zu großer Blüte gekommene schöpferische Zen nun selber zu einer großen geistigen Autorität. Jetzt erhält Zen Anerkennung und Unterstützung vom Kaiserhof, was unvermeidlich zu einer Säkularisierung führt. Indem ein relativ starres Lehre- und Praxis-System fixiert wird, verliert Zen viel von seiner ursprünglichen Vitalität und schöpferischen Spontaneität. Äußere Formen werden wichtig, es entwickeln sich literarische Tendenzen, die Äbte wichtiger Zen-Klöster werden vom Kaiser ernannt. Auch vertieft sich der Gegensatz zwischen der Rinzai-Zen-Schule mit ihrer Koan-Übung und der Soto-Zen-Schule mit ihrer Betonung der ursprünglichen Zen-Form. Allgemein läßt sich in Lehre und Praxis ein starker Zug zu Organisation, Systematik und Dogmatismus beobachten.

Nach der Mongolenherrschaft in China (1264-1368) verliert Zen immer mehr an Lebendigkeit. In dieser vierten Phase (Yuan-Ming- und Quing-Dynastie, vom Ende des 13. bis ins 19. Jahrhundert) werden die Buddhisten von Seiten des Staates streng kontrolliert, teilweise kommt es zu einer Verschmelzung mit dem *amida*-Buddhismus, generell breiten sich wieder starke konfuzianische und taoistische Tendenzen aus.

Dies ist ein interessantes geschichtliches Phänomen. Nach großer Blüte kehrt der Zen-Buddhismus zur angestammten chinesischen Kultur, zum Taoismus, zurück. Dieses Ereignis ist vergleichbar mit der Entwicklung in Indien. Auch der indische Buddhismus vermischte sich mehr und mehr mit dem angestammten Hinduismus und ging schließlich wieder ganz darin auf.

Von China aus hat sich Zen in die umliegenden Länder verbreitet, kam nach Korea, Vietnam, vor allem Japan. Auch in Tibet ist ein Einfluß feststellbar.

Wie sah es in Japan aus?

Über Korea gelangte der chinesische Buddhismus im 6. Jahrhundert nach Japan. 500 Jahre später, zur Zeit eines allgemeinen, teilweise chaotischen Umbruchs der japanischen Geschichte, trat der japanische Buddhismus in seine schöpferische Phase. Zen wurde dabei zu einer der führenden japanischen Mahayana-Schulen.

Das aus China importierte Zen entwickelte sich vielseitig weiter, die Zen-Praxis als Buddha-Weg erfuhr eine wesentliche Vertiefung. Die chinesische und die indische Mentalität haben etwas gemeinsam: eine gewisse »kontinentale« Weiträumigkeit, Weitherzigkeit des Sowohl-Als-Auch. Für die japanische Mentalität ist dagegen eine einfache Entweder-Oder-Haltung kennzeichnend. Die kleine Insel Japan liegt am Rand des großen asiatischen Kontinents. Sie hat das Glück eines milden Klimas und das Naturwunder von vier klar ausgeprägten Jahreszeiten. So zeigt auch der japanische Geist seine eigene Struktur: scharfe Intuition, tiefe Einfachheit, innere natürliche Reinheit.

Im japanischen Zen-Budhismus lassen sich von Anfang an und bis heute zwei Richtungen deutlich unterscheiden, die beide aus der chinesischen Tradition stammen und sich in gegenseitiger Ergänzung entwickelt und entfaltet haben.

Die *Rinzai-Zen*-Schule unterstützte und schuf teilweise selbst die verschiedenen Zen-Künste aus der Einserfahrung mit der universellen Wirklichkeit heraus: Kalligraphie (*shodo*), Tee-Zeremonie oder Tee-Weg (*chado*), Blumensteckkunst (*kado*), die Kampfkünste (*budo*), darunter das in Deutschland besonders durch Eugen Herriegel bekanntgewordene Bogenschießen (*kyudo*), auch Gartenbau-Kunst und so weiter. Fast all das ist heutzutage im Westen geläufig. Das Wort »Weg« (*do*), das hier durchgängig verwendet wird und die Verbindung zu Zen ausdrückt, soll andeuten, daß in all diesen Künsten das Einssein mit der universellen Wirklichkeit praktiziert werden soll.

Die zweite Richtung, die *Soto-Zen*-Schule, wurde vor allem durch die Lehre Dogen Zenjis im 13. Jahrhundert geprägt. Dogen sieht die Gefahr, daß die intensive Auseinandersetzung mit den genannten Künsten für die Übenden zu einem Hindernis werden könnte, weil dabei der »Weg-Geist« leicht verlorengehe. Er verbindet seine Warnung mit der Forderung, daß in der Soto-Schule die Zen-Übung inmitten des normalen Alltagslebens praktiziert werden solle. Selbstverständlich ist bei Dogen das Zazen die Kernpraxis. Aber der völlig normale Alltag ist der kostbarste Schatz des Lebens. Kern bleibt die Zazen-Praxis: Zum Sitzen hin und aus dem Sitzen heraus – alles was uns im Leben begegnet, die gesamte Lebenspraxis, findet in der Welt des Zazen statt, dieser universellen Kostbarkeit.

Im Sinn des Mahayana-Gedankens ist Zen in Japan nicht mehr auf die Klöster beschränkt, sondern steht allen Menschen offen. Andererseits hat die Zeit viele Probleme gebracht. So gibt es immer wieder Neigungen zu kleinen sektiererischen Gruppen, es erhalten sich überholte Hierarchien, es gibt Nachwuchsprobleme wegen der sozial unklaren Stellung des Priestertums und auch wegen der oberflächlichen Atmosphäre der heutigen Konsumgesellschaft.

Seit kurzem hat Zen in die westliche Welt Eingang gefunden, nicht zuletzt durch japanische Zen-Pioniere. Es ist alles noch sehr unklar, aber schon stellt man im Westen die Frage: Was ist Zen? Doch gibt es darauf innerhalb des Zen keine intellektuell begreifbare, eindeutige Antwort. Man kann allenfalls sagen, was Zen nicht ist. Diese Schwierigkeit, die sich dem rationalen Begreifen entgegenstellt, hängt mit dem Wesen des Zen selbst zusammen, das sich allen begrifflichen Definitionen entzieht.

Es ist typisch westlich, dennoch immer wieder solche Definitionen zu versuchen. Zum Beispiel versteht man dann unter Zen eine esoterische Meditationsmethode aus dem Osten, oder man hält es für eine Art Psychotherapie, eine Meditationstherapie. In den 60er Jahren kam es vor, daß Zen auf gleicher Ebene mit LSD gesehen wurde, und heute gibt es christliche Meditationskurse unter der Überschrift »Zen«. Wie wird Zen da jeweils verstanden?

Ich meine, in dieser unübersichtlichen Situation wäre es gut,

Zen zuerst einmal in seiner originalen Form als buddhistische, genauer als *mahayana-buddhistische* Praxis zu verstehen. Das sollte authentisch gezeigt und geübt werden. Dann kann sich ein Verständnis von Zen als einer bewußten, geistig-dynamischen Entdogmatisierungbewegung entwickeln, als eines Befreiungsprozesses von allen Dogmen und Lehrsystemen. Letztlich ist es dann sogar egal, ob das buddhistisch ist oder nicht-buddhistisch. Das ist das Charakteristikum des Mahayana und das Wesen des Zen.

Lehre und Praxis

Za-Zen – das Sitzen in Dhyana

Die Zen-Tradition hat eine konkrete, erprobte und individuell machbare Praxisform überliefert: das Zazen. Man kann Zen in seiner konkreten historischen Erscheinung durchaus beschreiben (siehe Kapitel *Zen als Mahayana-Schule*). Sein eigentlicher Kern entzieht sich dennoch jeder begrifflichen Definition. Zen läßt sich vielleicht umschreiben als die Dynamik des Lebens selbst, geistig verstanden. Dabei ist es im üblichen Sinn keine Religion, keine Philosophie und auch keine Therapie. Aber genausowenig ist Zen einfach eine Methode, die sich einer anderen Religion unterordnen und einverleiben ließe.

Im Zen geht es um die Wurzel der Existenz des Menschseins, um die Verwirklichung des Selbst, um das Aufwachen zur Vollkommenheit der eigenen Existenz im Hier und Jetzt. Dabei ist Zen beziehungsweise Zazen – das »Sitzen in Versenkung« – kein Mittel, um etwas von uns Gewünschtes zu erreichen. Es ist vielmehr eine Vergegenwärtigung oder Realisierung der Wirklichkeit des eigenen Lebens und der gesamten Welt. Insofern ist Zen in der Tat keine Religion im herkömmlichen Sinne; und dennoch ist es tief erlebte religiöse Praxis.

In der Rinzai-Schule besteht die Hauptübung darin, eine Koan-Aufgabe zu bearbeiten. Ein *koan* ist eine rational unlösbare Aufgabe, wie zum Beispiel: »Man kann den Ton zweier Hände hören, wenn sie zusammenklatschen. Was aber ist der Ton einer Hand?«

Im Vergleich zur Koan-Methode ist bei uns in der Soto-Schule das Zazen selbst das einzige und größte Koan. »Zazen ist nicht Mittel zum Erwachen. Zazen ist selbst die größte Ruhe und Freude. Zazen und das höchste *bodhi*-Erwachen sind identisch«, so lehrt Meister Dogen. In seiner Lehre ist die Welt des Zazen identisch mit der wahren Welt des Lebens. Er schreibt: »Akzeptiere Leben und Tod als Nirvana, hasse keines von beiden und begehre nicht das Nirvana. Nur dann bist du wahrhaft losgelöst von Leben und Tod ... Leben-und-Tod sind das Leben Buddhas.« (*Shobogenzo-Shoji*)

An die Übenden stellen solche Worte hohe Ansprüche. Selbst wenn man sie intellektuell versteht, ist es sehr schwierig, sie im innersten Herzen anzunehmen.

Um wachzuwerden für den Sinn des Lebens oder, anders gesagt, um mit sich selbst im Leben klarzukommen, ist die Geist-Körper-Haltung des Sitzens entscheidend:

- gerade aufgerichtetes Rückgrat
- leicht geöffnete Augen
- die Hände, ineinandergelegt und mit den Daumen zum Oval geformt, vor dem Bauch gehalten
- gekreuzte Beine im Lotussitz
- ruhige Atmung

Dies ist die grundlegende Zazen-Haltung. In dieser Geist-Körper-Haltung ist Zazen die innere Suche nach dem Selbst. Die Fragen ergeben sich ganz von selbst:

- Was tue ich?
- Warum habe ich das oder jenes getan?
- Wozu lebe ich?
- Wer bin ich?
- Warum bin ich hier?
- Warum bin ich geboren?
- Warum muß ich es so schwer haben?
- Was ist eigentlich mein Leben?
- Was bedeutet mein Tod?

  und so weiter.

Die Sitzübung erfordert Anstrengung, und je anstrengender sie wird, desto mehr bemüht man sich um eine korrekte Haltung. Gerade durch die körperliche Anstrengung bei der fortdauernden Bemühung um eine aufrechte Haltung be- und verarbeitet der Geist alle auftauchenden Fragen – von selbst und intensiv.

Aus meiner Sicht wird ein Mensch dreimal geboren.

Zum ersten Mal in biologisch-physiologischem Sinn: Wir werden von unserer Mutter als Mensch in diese Welt hineingeboren.

Die zweite Geburt ereignet sich durch das Erlernen des Denkens und der Sprache. Es ist der Sozialisationsprozeß. Durch ihn wird der Mensch als ein »Ich« in die Gesellschaft hineingeboren – das ist ein jahrelang andauernder Geburtsprozeß, wie wir ihn gut bei Kindern beobachten können. Mit diesem zweiten Geburtsprozeß zu einem Menschen, der sich seiner selbst bewußt ist, sind all die typischen Ich- oder Identitäts-Probleme unweigerlich verbunden, denn dieses Ich kann natürlich niemals reibungslos entstehen und bestehen. Ebenso unweigerlich aber taucht mit diesen Ich-Problemen das starke innere Bedürfnis auf, über diese Ich-Probleme hinauszukommen, die Problematik des Ich zu überwinden.

Es ist dieser Prozeß der Überwindung, den ich als dritte Geburt bezeichne. Jeder erwachsene Mensch sollte diese dritte Geburt anstreben. Buddha lehrt die Problematik des Ich bzw. das Anhaften des Ich an sich selbst als die Ursache allen Leidens im Leben. Diese tief in uns verwurzelte Ichbezogenheit mit den eigenen Augen deutlich zu sehen und sie zu überwinden, das eben ist die »dritte Geburt«. Die Bemühung darum erfordert von uns allen, uns selbst bewußt und wach auf den richtigen Lebensweg zu setzen.

Die Zazen-Praxis läßt sich umschreiben als ein Prozeß des »Aufwachens in sich selbst zu sich selbst«; Zazen ist das Wachwerden dafür, daß diese Welt mit all ihren Problemen in uns selbst existiert. Dieses Aufwachen ist aber zugleich nichts anderes als das Licht in uns selbst, mit dem wir unseren eigenen Lebensweg sehen können. Dieses Licht wird in der Mahayana-Tradition *prajna*-Weisheit genannt. Eine Weile Zazen praktizieren, so lange, bis alles, was wir gerade als Aufgabe mit uns herumschleppen, klar wird: das ist Licht im Leben, Weisheit, *prajna*.

Buddha sagte einmal: »Nimm dich selbst als das Licht, nimm die *dharma*-Wahrheit als das Licht!« Wir sind verantwortlich für das Leben in uns selbst und damit für das Leben heute in der Welt. Um diese Verantwortung wirklich übernehmen zu können, muß jeder einzelne innerlich wach werden. Das ist der Sinn und der Zweck der Zazen-Praxis für die heutige Zeit.

Kann man dem Druck der Zeit entfliehen?

Wenn man Zeit tief begreift, findet man das wahre Leben in sich selbst. So möchte ich spontan antworten auf die Frage, ob man dem Druck der Zeit entfliehen kann. Doch dann kommt sofort die Frage: Was ist überhaupt die Zeit? Hinter der Überlegung, ob man den Lauf der Zeit verzögern kann, stehen sicherlich zunächst einmal Wünsche, die wir alle haben: nicht ständig in Hektik, unter dem Druck der Zeit leben müssen; ein ruhiges, angenehmes Leben führen können. Denn wir alle wissen und spüren, daß diese Gesellschaft, in der wir leben, immer mehr diesem Druck der Zeit ausgeliefert ist.

Heute habe ich in der S-Bahn einen Mann gesehen mit einem handy. Zwei Anrufe hat er in fünf Minuten bekommen, einige Leute drehten den Kopf, denn er sprach so, daß jeder zuhören konnte. Die Leute fühlten sich gestört. Aber auf der anderen Seite gibt es gar keinen Zweifel: ohne handy geht fast kein Geschäft mehr. In Japan ist es in der S-Bahn nicht nur eine Person, die über ein handy telefoniert, sondern es sind sicher zehn. Auch viele Schulmädchen haben inzwischen solche Geräte. Ständig sprechen sie während der Fahrt in der S-Bahn mit ihrer Freundin, die sie sowieso gleich treffen werden. Naja, das ist ja noch lustig. Im Berufsleben aber wird damit ständig neue Hektik produziert. Die Firmenangestellten haben jetzt keine Verschnaufpause mehr, ständig sind sie im Geschäft. Auch wenn sie auf die Toilette gehen, kommen die Anrufe. In Ruhe eine Tasse Kaffee zu genießen, das ist praktisch nicht mehr möglich. Natürlich, im Börsengeschäft reagiert man ohne handy nicht schnell genug auf die Börsenbewegungen, das ist ja ein Geschäft von Sekunden. Dazu gibt es inzwischen auch noch tragbare Faxgeräte. Und ein Autotelefon ist heute ohnehin selbstverständlich. Am eigenen Leib erlebe ich dieses Unterworfensein unter die Zeit immer wieder durch die Zeitverschiebung. Vier Mal werde ich dieses Jahr in Japan sein. Da muß ich wirklich aufpassen, wo ich bin. Mein Körper kommt da irgendwann kaum mehr mit. Eine Woche brauche ich nach der Ankunft in Japan für die allmähliche Umstellung. Aber dann komme ich zurück nach Deutschland, und dann bleiben gerade zwei Wochen zur erneuten Anpassung. Und schon geht es wieder zurück nach Japan. Dort aber, in Japan, fühle ich mich noch hektischer. Daß die S-Bahnen gemütlich im 20-Minuten-Takt fahren wie hier in München, das gibt es in Japan höchstens auf dem Land. In den Städten kommen sie alle zwei oder drei Minuten. Und das sind nicht so kurze Züge, das sind immer gleich sieben, acht oder zehn Wagen. Dagegen wirkt München doch ziemlich ländlich.

Kann man Zeit verzögern, aufhalten? Was ist die Zeit? In der buddhistischen Lehre gab es und gibt es viele verschiedene Interpretationen zu diesem Thema, und diese Vielfalt ist sehr interessant. Man hat da eben nicht die eine richtige oder eindeutige oder offiziell genehmigte Interpretation; da ist alles völlig offen und frei, es gibt deshalb in der buddhistischen Lehre keine Dogmen: jeder kann sagen, was er denkt, jeder kann schreiben, wie er die Angelegenheit sieht. Niemand schreibt vor, was die einzig verbindlichen Grundtexte sind, es gibt keinen Katechismus. Was dagegen wirklich zählt, das ist die Qualität der Interpretationen. Wie kann man deren Qualität bestimmen? Nur durch die Qualität der Erfahrung! Aber die Qualität der Erfahrung, wer bestätigt die denn wieder? Das kann sich nur im Lauf der Zeit erweisen. Im Lauf der Zeit stellt sich heraus, was richtig ist. Aber was heißt schon »richtig« – auch das gibt es nicht. Was es gibt, das sind immer tiefer gehende Interpretationen zum Thema »Zeit«, zum Thema »Leben«. Aber auch das Alter der Überlieferung ist natürlich noch keine Garantie; es könnten sich ja durchaus auch über lange Zeiten hinweg Fehlinterpretationen und falsche Lehren erhalten haben. Bleibt als letztes Kriteritum nur, ob solche Überlieferungen durch die Praxis, durch die Erfahrung geprüft sind – und sie müssen immer wieder neu überprüft werden.

Ein Beispiel: 1000 Jahre immer dieselbe falsche Nahrung könnte die Menschheit wohl nicht überleben. Die Prüf-Instanz, die »Praxis«, ist dabei das Essen. Wirklich bekömmliche Nahrung kann die Menschheit 1000 Jahre lang beibehalten. Kurzfristig könnte man sich vielleicht von Schokolade ernähren, aber sicher keine 1000 Jahre. Nun ja, vor 1000 Jahren gab es noch keine Schokolade. Was aber für den Körper Gift ist und was ihm wohltut, das hat man jahrtausendelang eben einzig durch die Erfahrung, durch die Praxis herausgefunden. Nehmen wir die Heilkräuter: Nach langer Erfahrung sind eben die wirklich nützlichen, wirksamen, heilsamen übriggeblieben. Es waren keine Dogmen nötig, um das herauszufinden, auch kein Einstein. Das hat sich als Erfahrungstatsache so ergeben.

Nicht anders ist es bei den buddhistischen Lehren. Zum Thema Zeit gibt es, wie gesagt, zahlreiche Interpretationen, die alle unter dem Namen »buddhistisch« laufen. Zum Beispiel Zeit als Substanz: Das ist eine von vielen Lehren aus dem Theravada-Buddhismus, fast 2000 Jahre alt. Zur selben Zeit sagten andere Buddhisten: Nein, Zeit ist nur ein Produkt unseres Geistes. Auch das war eine anerkannte buddhistische Lehre. Wie paßt das zusammen? Normalerweise erwarten wir doch immer: Ja oder nein!

Später dann haben die Mahayana-Lehren eine Zweiteilung aufgestellt: Es gibt die meßbare und die nichtmeßbare Zeit. Man ist hierfür im Westen schnell bei der Hand mit den Begriffen »subjektiv« und »objektiv«. Das ist typisch für dualistisches Denken. Aber das ist nicht buddhistische Tradition. Doch wir können schon sagen: Die meßbare Zeit, das ist die »objektiv«

existierende Zeit. Jetzt ist es 20.35 Uhr. Auf euren Uhren auch, oder? Das ist die meßbare Zeit. Demnach ist es in Japan jetzt 8 Stunden später, in den USA 6 Stunden früher. Das ist die allgemein gültige, allgemein festgelegte, meßbare Zeit. Wenn wir nicht anders existieren als immer in dieser Zeit, fühlen wir uns gestreßt, weil wir dann dieser Zeit völlig ausgeliefert sind. Denn diese Zeit wirkt als Maßstab von außen, und wir sind völlig darin gefangen.

Demnach steht fest: Ich bin 1947 geboren; jetzt kann ich mir ungefähr ausrechnen, wie lange ich lebe. Na ja, ich habe schon zwei Operationen hinter mir, vielleicht lebe ich nur bis 65 ... Vielleicht ist das eine zu wenig flexible Vorstellung von Zeit, aber sie hat ohne Frage eine gewisse Gültigkeit, denn 200 Jahre werde ich sicher nicht alt werden. Aber was heißt »gewisse Gültigkeit«? Daß es jetzt 20.36 Uhr ist, das ist doch eine ziemlich eindeutige Aussage. Wir sagen zum Beispiel: Morgen treffen wir uns um sechs Uhr abend. Solche Zeitangaben sind es, die unser Leben heute, unser Leben miteinander und in Abhängigkeit voneinander, ganz wesentlich bestimmen. Das ist gemeint, wenn wir von meßbarer Zeit reden. Und dieser Umgang mit der Zeit ist vernünftig. Man könnte auch sagen: Das ist die »objektive« Bühne des Lebens: Wir erscheinen dort irgendwann, wir bewegen uns auf dieser Bühne, übernehmen diese und jene Rolle, und irgendwann, mit unserem Tod, treten wir wieder ab.

Aber was heißt denn wirklich: ich bin dann und dann geboren? Wann bist du geboren, wie war das bei deiner Geburt? Niemand weiß das von sich selber. Deine Mutter hat es dir vielleicht erzählt, daß deine Geburt an dem und dem Tag, in jenem Monat und in jenem Jahr war, und wie die Geburt verlaufen ist. In deiner Geburtsurkunde stehen, als »objektive« Daten, Ort und Zeit deiner Geburt. Mein Geburtstag zum Beispiel ist auch der des japanischen Kaisers, und deshalb feiert man an meinem Geburtstag in Japan einen nationalen Feiertag. Dieses Jahr werde ich 50, da sollte ich eigentlich ein großes Fest veranstalten. Aber ist das nicht Unsinn? Weiß ich denn wirklich, daß ich seit 50 Jahren lebe? Was ist das denn: »50 Jahre«? Ich bin heute ganz frisch, ganz neu, heute bin ich geboren. Mein Herz schlägt jetzt und hier, es schlägt nicht jetzt in Kontinuität von gestern. Meine Atmung findet nur hier und jetzt statt: Das verstehen wir unter »nichtmeßbarer Zeit«. Wie leben ständig diese zwei Seiten: meßbare und nichtmeßbare Zeit. Aber das sind nur zwei Seiten einer Wirklichkeit. Wenn wir uns auf die eine dieser beiden Seiten festlegen lassen, übersehen wir die Wirklichkeit der Zeit, damit aber die Wirklichkeit des Lebens, unsere eigene Lebenswirklichkeit. Wir sind nie geboren, wir sind nur jetzt hier. Wir sterben nie. Wir sind immer im Jetzt-Hier. Wenn ich sterbe und du stehst daneben: Wer sagt da »sterben«? Du sagst das. Ich nicht, weil ich gerade sterbe. Diesen Prozeß, diese Wirklichkeit des »Sterbens« lebe ich voll und ganz. Da kann ich nicht gleichzeitig eine Erklärung abgeben: Ich sterbe jetzt. Ich brauche gar keine Angst vor dem Sterben zu haben, weil ich sterben gar nicht erfahre. Ich bin nur ständig jetzt hier, jetzt hier. Wer Angst vor dem Sterben hat, der ist gerade gefangen von der meßbaren Zeit.

Das heißt aber nicht, daß wir die meßbare Zeit einfach ignorieren dürfen. Sonst könnte es mir zum Beispiel einfallen, daß ich hier rede und rede, ohne auf die Uhr zu achten. Ihr würdet vielleicht eure Termine verpassen, oder ihr würdet irgendwann aufstehen und hinausgehen, weil ihr eben zu einer bestimmten Zeit irgendwo anders sein müßt. Und natürlich habe ich auch Termine, die ich einhalten muß. Also muß ich irgendwann aufstehen und gehen. Wir leben eben doch ständig in dieser meßbaren Zeit. Die Frage ist nur: Wie weit sind wir mitten in dieser meßbaren Zeit wach für die Wirklichkeit der Zeit, für die Wirklichkeit des Lebens? Wie tief sind wir wach für uns selbst? Das ist entscheidend. So können wir verstehen, was das ist, meßbare und nichtmeßbare Zeit. Brennendes Holz zum Beispiel [zündet ein Streichholz an]: Immer wieder wurde das als Beispiel genommen, von Dogen etwa. Also: Wir erleben jetzt die Zeit. Jetzt, jeder Augenblick, das ist absolute Wirklichkeit. Holz brennt jetzt, es brennt wirklich. Wir allerdings legen uns diese Wirklichkeit sofort so zurecht, wie wir sie am besten verstehen können: Das Holz verbrennt, dann ist verbranntes Holz oder Holzkohle daraus geworden. So verstehen wir es. So erleben wir Zeit. Aber in Wirklichkeit gibt es nur das Jetzt: Holzkohle. Wo gibt es das brennende Holz? In unserem Kopf! Brennendes Holz ist schwarze Holzkohle geworden. Geworden! Wo gibt es gewordenes Brennholz? In unserem Kopf! Immer begreifen wir in dieser Weise, immer erleben wir die Wirklichkeit so. So verstehen wir die Welt, uns selber und uns gegenseitig. In Ordnung, das ist das Werkzeug, womit wir als Menschen in dieser Gesellschaft überhaupt sinnvoll und praktisch zusammenleben können. Das haben wir gelernt. Wir können denken, wir haben dieses Verständnis von Zeit, von Leben, von Entstehen, Erscheinen und Vergehen. All das ist nützliches Werkzeug. Aber wir dürfen da nichts verwechseln, nichts durcheinanderbringen.

Noch einmal. Absolute Realität heißt: Kohle. Jetzt Kohle: als Vergangenheit, Gegenwart, Zukunft. Wenn ich darüber spreche, ist es schon vorbei. Die Wirklichkeit präsentiert sich selber, jetzt. Du auch. Angewendet auf Tod oder Sterben: Ich als Toter lebe ja weiter voll. Nur wir, mit unserem Denkvermögen, können sagen: Vorher war da Holz, das wurde verbrannt, und jetzt ist da kein Holz mehr. Die Welt der meßbaren Zeit auf der einen Seite, die der nichtmeßbaren Zeit auf der anderen; vorläufige und absolute Wirklichkeit. Aber dieses Zweierlei, das gibt es nicht.

Was soll ich also tun? Mit der meßbaren Zeit vernünftig umgehen? Von der nichtmeßbaren Wirklichkeit her. Vielleicht könnte man es so sagen. Warum aber soll ich extra betonen: von der nichtmeßbaren Zeit und Wirklichkeit her? Ich möchte einfacher sagen: von der Wirklichkeit des Lebens her. Weil wir ursprünglich zeitlos leben. Unsere Zeit ist ein Produkt der Menschen, Menschenzeit. Die Schnecken haben ihre eigene Zeit. Und auch bei uns Menschen gibt es große Unterschiede. Alte Menschen erleben dieselbe Zeit doppelt so schnell wie Kinder. Das Herz eines Neugeborenen schlägt doppelt so schnell wie das eines Erwachsenen. Wenn wir an unsere Kindheit zurückdenken: wie war da ein einziger Tag so voller Erleben. Heute dagegen trinke ich dreimal Kaffee und fünfmal Tee, dann ist ein Tag schon vorbei. So vergeht uns die Zeit viel schneller als den Kindern.

Alles ist relativ. Besonders beim Sitzen erfahren wir das. Wenn ich allein sitze, von morgens früh bis spät nachts – nur Sitzen als intensive Praxis, intensiv das Leben erleben, ohne Kontakt mit anderen, nur ein wenig essen, auf die Toilette gehen, ein bißchen hinlegen, sonst nichts außer Sitzen – wie erlebe ich da die Zeit? Da ist eine Menge Zeit, wie bei einer Schnecke. Was ich da erlebe, ist ein Ur-Zeitgefühl. Morgens wird es langsam heller und heller; wie ein Urmensch erlebe ich, wie mit dem Sonnenlicht die Welt allmählich aufsteigt. Ich höre den Urvogel schreien, bin selber Ur-Mensch, ein Urwaldmensch. Und schon bald wird es langsam wieder dunkler, die Welt sinkt wieder zurück in die Stille. Auf der anderen Seite aber ist jede Sitz-Periode unendlich lange, wenn vom vielen Sitzen die Schmerzen kommen. Fünf Minuten können dann für mich so lang sein wie sonst zwei Stunden, eine Periode reicht dann von diesem Gefühl her eigentlich schon für eine ganze Woche, für das ganze Sesshin. So intensiv erlebe ich das. Ich möchte das nicht das Erleben der »subjektiven Zeit« nennen, nein: das ist die Wirklichkeit in mir selber. Und das ist erfüllte Wirklichkeit, das Leben ist voll erfüllt, es ist weder lang noch kurz, weder zu wenig noch zu viel. Und da bin ich jederzeit bereit, das Leben loszulassen, gerade weil ich so voll erfüllt bin mit Leben. Und ich bin in jedem Augenblick tief dankbar, voller Freude, und ich spüre Kraft zum Dasein.

Gleichzeitig spüre ich auch, daß das Ende jeden Moment sein könnte, und das nimmt nichts weg von der Freude am Dasein.

Dieses Einssein mit der Wirklichkeit – man spürt es am einfachsten bei der Atmung. Ein Atemzug wartet nicht auf den nächsten, jeder einzelne Atemzug ist einmalig, jetzt und vorbei. Im

Einatmen ist die große Freude zum Dasein, im Ausatmen ist das vollkommene Loslassen, das Abschließen mit allem: Ruhe und Aktivität, absolute Lebensaktivität. Ich möchte es so ausdrücken: In einer solch intensiven Zeiterfahrung – Urzeit habe ich es genannt – erleben wir das Leben selber in seiner ganzen Wirklichkeit. Deshalb möchte ich gerne weiter Zazen praktizieren. Ich möchte nicht unter dem Druck der äußerlich vorgegebenen Zeitvorstellung mein Leben vergeuden. Sicher: Neun Uhr ist neun Uhr. Dennoch geht es darum, nicht vollständig darin gefangen zu bleiben, in diesem Ablauf von Geborenwerden und Sterben.

Zwangsläufig taucht da die Sinnfrage auf: Wozu das alles? Denn in der Mechanik dieses Ablaufs ist nie etwas wirklich vollständig und ganz und gar erfüllt. Immer bleibt das Bewußtsein: Es kommt eine neue Stunde, eine neue Zeit, drei Minuten später, drei Stunden später, drei Tage später. Unter diesem Zeitbewußtsein aber kann der Augenblick im Jetzt nie zu 100 Prozent erfüllt sein, immer nehmen wir zuerst den Prozeß, immer die Relativität wahr. Wenn wir darin gefangen bleiben, dann sehen wir schließlich nichts mehr als die einzige große, deprimierende Relativität von Geborenwerden und Lebensaktivität – all das nur, um am Ende zu sterben. Das führt zu einer nihilistischen Einstellung. Wo finde ich dann einen echten Sinn für mein eigenes Dasein? Das ist die Frage, und deswegen müssen wir uns alle die Frage selbst stellen: Was ist die Zeit? Verzögern können wir die Zeit nicht, aber wir können Zeit »schöpfen«, wir können schöpferische Zeit erleben. Meister Joshu Jushin (Chaochou Tsungshen, 778-897) sagte einmal zu seinen Schülern: Ihr seid Opfer der 24 Stunden, ich bin Herr von 24 Stunden.

Schmerzen beim Zazen

Seit langem besitze ich das Büchlein von Karlfried Graf Dürckheim *Übung des Leibes*, in dem er über die Zazen-Übung schreibt. Dort habe ich beim Blättern den Satz gefunden: »Das Nichtaushaltbare aushalten.« Früher habe ich nie über das Thema »Schmerzen beim Zazen« gesprochen. Heute glaube ich, daß dieser Satz sehr wichtig ist. Meister Dogen zum Beispiel hat viele Schriften hinterlassen, aber es gibt keine einzige Stelle, wo er über den Schmerz schreibt. Er spricht immer nur über die Anstrengung, die geistige Anstrengung in der Form des Sitzens. Wenn man sich körperlich anstrengt, sind Schmerzen manchmal nicht vermeidbar. Aber sie sind kein Selbstzweck. Man soll nicht unnötig leiden.

In den meisten Zen-Klöstern übt man Zazen in Perioden zwischen 25 Minuten (Rinzai-Schule) und 40 Minuten (Soto-Schule). Danach folgt *kinhin* (das »meditative Gehen«), dann wieder Sitzen. Mein eigener Lehrer hat 50 Minuten-Perioden eingerichtet. Ursprünglich, zu Buddhas Zeiten, war es so: Sie saßen unter den Bäumen, und wenn es individuell nötig war, standen sie eben auf. So ist es überliefert.

Wenn man mit Zazen anfängt, sollte man am besten gemeinsam üben. Zu Beginn haben viele Menschen Schmerzen beim Zazen, da sind dann dreißig oder sogar zwanzig Minuten besser. Als ich bei meinem Meister in Japan mit Zazen anfing, mußte ich einfach eine Periode von fünfzig Minuten mitmachen, und zwar im halben Lotussitz. Mein Lehrer erlaubte keine Ausnahme, es gab keine Fragen und keine Erklärung. Entweder ich mache mit oder eben nicht.

Dabei müssen auch wir Japaner erst mit dem Sitzen vertraut werden, auch wir können das nicht selbstverständlich. Als ich mit 18 zu meinem Meister kam, sagte er: »Zen-Übung ist Zazen-Übung.« Am Anfang habe ich wirklich gelitten und mit ziemlich starken Schmerzen Zazen geübt. Oft war es nur eine Quälerei. Bei Sesshin – mehrere Tage achtmal am Tag vierzig oder fünfzig Minuten – hatten wir alle starke Schmerzen. Manchmal sprachen die Kollegen über den Schmerz, dann lachten sie auch darüber. Ich habe oft nicht mitsprechen können, weil ich meine ganze Kraft nur zum Schmerzen-Aushalten gebraucht habe. Dann habe ich mir überlegt: Das ist Askese, reine Quälerei, was hat das für einen Sinn? Ich konnte die Askese nicht verstehen, ich habe wirklich keinen Sinn gefunden. Meinen Meister konnte ich überhaupt nicht fragen, aber ich konnte auch mit den anderen nicht darüber sprechen. Das könnte man die »japanische Art« nennen.

Ganz selten bekam ich eine Ahnung, worum es geht: da verschwand der Schmerz plötzlich. Dann kam eine starke Ruhe, und bis zum Ende der Periode war es fast wie ein geistiger Genuß. Es gibt, ganz von Natur aus, diesen Zustand, in dem man keine körperlichen Schmerzen mehr spürt. Gleichzeitig ist man geistig konzentriert, klar und völlig transparent.

Je mehr wir Zazen üben, umso leichter fällt uns der halbe Lotossitz. Irgendwann bekommen wir dann das Bedürfnis, den vollen Lotossitz auszuprobieren, und im Kloster in Japan wird das auch erwartet. Niemand sagt es laut, aber es wird erwartet. Dann geht es wieder los mit den Schmerzen, aber irgendwann schafft man es, zwölf oder vierzehn Perioden am Tag mit je fünfzig Minuten zu sitzen. Es hat natürlich auch mit der körperlichen Kondition zu tun.

In Japan ist es nicht üblich, die Übenden langsam an diese Kondition heranzuführen. Wer es nicht schafft und krank wird, hat Pech gehabt und muß eben gehen. Aber ich finde, die langsame Methode ist vernünftiger. Man sollte erst zwanzig Minuten im halben Lotossitz üben, dann länger, immer mit *kinhin* dazwischen. Später erstmal eine Viertelstunde im vollen Lotossitz, bis auch das gut geht, und dann die Zeitspannen allmählich verlängern.

Wenn man aber eine schlechte körperliche Kondition hat oder zum Beispiel einen Meniskus-Schaden, kann es gefährlich sein, die Schmerzen einfach nur auszuhalten. Man darf nicht übertreiben. Ich kenne nicht alle Leute, die zu mir zum Sesshin kommen, da ist die Gefahr zu groß. Deshalb gebe ich hier jederzeit die Erlaubnis, daß man, nach einem *gassho*, die Beine losläßt, wenn man es gar nicht mehr aushält. Wenn Leute gar nicht auf dem Kissen sitzen können, dann dürfen sie auch auf dem Stuhl sitzen. Das ist individuell alles möglich. Erfahrungsgemäß aber stellt sich die Intensität der Übung leichter ein, wenn man auf dem Boden, auf der Matte sitzt, je nachdem, was man gerade schon eine Zeitlang beherrscht: Fersensitz, Schneidersitz, halber oder voller Lotossitz. Und wenn es nur eine Viertelstunde ist. Ich kann nicht allgemein sagen, wieviel man sitzen soll und wie lange die Perioden sein sollen. Ich kann nur verschiedene Sesshin anbieten, mit mehr oder weniger Perioden, die länger oder kürzer dauern. Wir müssen lernen, mit unserem eigenen Körper richtig umzugehen.

Praktisch läuft ein Sesshin so ab: Man sitzt fünf oder sechs Tage lang körperlich aufrecht, still und ohne äußere Ablenkung. Innerlich ist man erst einmal gar nicht ruhig, es tauchen viele Gedanken aus dem Alltag auf. Sie erscheinen einem sehr wichtig und man glaubt, man bräuchte ein Notizbuch, um alles aufzuschreiben. Dann kommen die Schmerzen. Das ist sehr anstrengend. Wenn man körperlich total erschöpft ist, hat das Sitzen keinen Sinn, aber wenn gar keine Anstrengung und gar keine Schmerzen auftauchen, wird es langweilig. Wenn aber Schmerzen und Anstrengung an Intensität immer mehr zunehmen, dann verlieren die Gedanken über den Alltag allmählich ganz von alleine ihre Bedeutung. Dann schaffen wir es gar nicht mehr, an die Termine in der nächsten Woche zu denken. Nein, da ist nur noch der

Schmerz, jetzt und hier: das ist dann das einzig Wichtige, und wir vergessen alles andere.

Irgendwann lernen wir, den Schmerz kommen und gehen zu lassen, ihn sich selbst zu überlassen. Mit dem Atem läuft es nicht anders. Wir kontrollieren ihn nicht, wir lassen ihn von selbst gehen und kommen. Dogen Zenji lehrte: »Weder lang noch kurz, das ist das Geheimnis der Atemübung.« Das können wir nur in der Erfahrung lernen. Wenn wir uns nur noch mit dem Schmerz auseinandersetzen, schwindet auch das Bedürfnis, etwas aufzuschreiben. Dann werden wir automatisch ganz wach und konzentriert, wir sind vollständig im Hier und Jetzt.

Wenn man jedoch vorher aufhört, war das Sesshin bis dahin nur eine asketische Übung. Man nimmt dann die Schmerzen nur als Aggression von außen wahr. Wenn man aber weitermacht und ganz drin bleibt, kann man vielleicht die geistige Seite des »Schmerzen-Aushaltens« erleben. Das darf niemals eine Front-Position, und schon gar nicht ein Kampf gegen die Schmerzen sein. Worum es einzig geht, das ist: In dieser aufrechten Körperhaltung durch die Schmerzen hindurch und über die Schmerzen hinauszugehen. Dabei können Tränen kommen, starke Emotionen, ein Bedürfnis zum Gähnen oder eine tiefe Konzentration, die man *samadhi* nennt.

Da ist es entscheidend, daß wir mit dem Körper fest auf dem Boden sitzen, in der Erde verwurzelt sind. Die starke Anstrengung und diese Verwurzelung schützen uns davor, daß unser Geist sich zu verselbständigen, sich in die Luft zu erheben beginnt. Sie schützen uns auch vor Halluzinationen. Religiöse Phantasien oder Halluzinationen entstehen sehr leicht, vor allem eben, wenn die Leute nicht diese Bodenhaftung haben. Beim Zazen aber sind die Beine und der Unterleib immer auf der Erde. Am Ende sollte jedenfalls nicht der Schmerz stehen und auf keinen Fall die Halluzination. Am Ende sollte man sich, nach aller Anstrengung und allen Schmerzen, bei völlig klarem und offenem Geist wohlfühlen.

Wenn man lange genug die Schmerzen den Schmerzen überlassen hat, fängt man allmählich an, auch das Leben dem Leben zu überlassen. Dann kann das Sitzen zu einer inneren Reife führen, weil man gelernt hat, scheinbar Unerträgliches zu ertragen, weil man alles verdaut hat, auch Schmerzen aus der Kindheit, innere Begrenzungen und Verhärtungen, und zwar nicht nur vergangene, sondern sogar zukünftige. Auf diese Weise können wir zu einem Durchbruch kommen.

Auch im normalen Leben gibt es viel, was eigentlich nicht auszuhalten ist. Zum Beispiel der Tod – nicht unser eigener, der auch – aber der Tod der Eltern oder eines Kindes. Auch sonst begegnen uns allerlei harte Erfahrungen. Wir können sie nicht wegwerfen, sie sind da. Wir können sie auch nicht so einfach aushalten. Wir können sie nur geistig verarbeiten. Das bedeutet »ganz drinsein«, und genau das ist die geistige Anstrengung beim Zazen. Wenn man beim Zazen sehr konzentriert und sehr angestrengt ist, und dann kommt der Schmerz, dann ist das keine Aggression von außen – das kommt von innen. Dann geht der Schmerz wieder weg, und oft kommt er dann wieder – kommt und geht. Diese Phasen lösen einander ab, und dadurch geht das Sitzen so in die Tiefe.

Man muß aber vorsichtig sein, gerade als Anfänger. Diese extreme Intensität beim Sitzen hat nur dann Sinn, wenn sie aus einem starken inneren Bedürfnis kommt, wenn Herz und Geist dabei identisch sind. Man muß eine innere Notwendigkeit spüren, sich geistig weiterzuentwickeln, über das Unaushaltbare hinauszukommen, das Unerträgliche zu ertragen. Nur dann werden die Intensität des Schmerzes und die Intensität des Geistes wirklich identisch.

Und noch einmal muß ich warnen. Wenn man sich jenseits der Schmerzen wohlfühlt, ist das oft ein Schritt in der inneren Entwicklung; ich habe von »Durchbruch« gesprochen. Häufig nennt man eine solche Erfahrung auch »Erleuchtung«. Aber auch die ist immer nur ein Schritt auf dem Weg, ein Prozeß. Es gibt sicher auch dramatische innere Erfahrungen. Oft ist man davon selber sehr stark beeindruckt, und das führt dann leicht zu Überheblichkeit. Es können sogar Halluzinationen im Spiel sein. Das Sitzen auf der Erde schützt uns zwar weitgehend vor der Halluzination, aber völlig ausgeschlossen ist sie nie. In beiden Fällen sollten deshalb unbedingt Erfahrene, ein Lehrer, eine Lehrerin, Unterstützung und Hilfe geben, sie sollten nachfragen und die Übenden begleiten. Ihre Aufgabe ist, auf die Gefahren hinzuweisen, auf die Gefahr der Halluzination und die Gefahr der blinden, ich-bezogenen »Erleuchtungs«-Begeisterung.

Ohnehin ist das Wort »Erleuchtung« allgemein nicht besonders passend. Wir üben Zazen. Wir sind im Licht des ganzen Universums. Durch die Kraft dieses Lichtes werden wir »erleuchtet«. In Wirklichkeit geht es immer darum, ob ich mein inneres Auge geöffnet habe und das Licht sehe, das sowieso da ist. Deshalb ist »Wachwerden« oder »Aufwachen« sicher das bessere Wort. Das ist ein ständiger Prozeß. Unaufhörlich den Buddha-Weg gehen, völlig unabhängig davon, ob wir Schmerzen haben oder nicht. Darauf zielt der Satz im Herz-Sutra: »Jenseits aller Illusionen haben sie Nirvana vollendet.«

Shila und Huinengs Reform des Zen

Der chinesische Zen-Meister Huineng (jap. Eno, 638-713) war der sechste Meister in der Generationenfolge des chinesischen Zen nach Bodhidharma. Auf japanisch trägt er den Titel *Rokuso* (*roku* heißt sechs, *so* Ahne, Vorfahre), also Sechster Dharmavorfahre oder auch Dharmaerbe; früher hat man das in den europäischen Sprachen mit »Sechster Patriarch« übersetzt, aber das gilt inzwischen als überholt, weil »Patriarch« ein Begriff mit durch und durch abendländischer Bedeutung ist. Über Huiengs Leben und Lehre gibt es ein eigenes Sutra, das *Plattform-* oder *Podiumsutra*.

Ein Teil des Podiumsutra erläutert die sogenannten *Fünf Düfte des Dharmakörpers*. Diese fünf »Düfte« oder auch Elemente oder Aspekte sind *shila*, *samadhi*, *prajna*, *nirvana* und die *Einsicht in nirvana*. Heute ist es ziemlich sicher, daß diese Textteile zeremonieller Natur sind – Huineng trug sie als Lehrmeister der Ordinationszeremonie, als *kaishi*, vor. Bei der Ordination wird zunächst der Ort der Zeremonie gesegnet. Diese findet statt auf dem *kaidan*, dem »heiligen Platz der *shila*«. Praktisch handelt es sich dabei meist um eine Art Podest, das eigens dafür errichtet wird. Nach diesem Podest oder Podium (jap. *dan*) trägt der Text die Bezeichnung *Podiumsutra*, jap. *dan-kyo* (*kyo* heißt Sutra).

Durch diese «eigene« Ordinationszeremonie wurde die Zen-Schule selbständiger. Das ist im Buddhismus immer so gewesen. Immer wieder gab es neue Formen der Ordination mit eigenen Texten – und jede neue Form war eine Art Reformation. Bei seiner eigenen, neuen Zen-Ordination erläutert Huineng zuerst diese fünf Aspekte. Darauf folgt die Ordination selbst, und zwar in einer festen Abfolge, nämlich »Reue«, »Zuflucht« und »Gelöbnis« allerdings *formlose* Reue, *formlose* Zuflucht und *formloses* Gelöbnis. Immer wird betont: Bei uns ist alles *formlos*. Das stammt aus der Philosophie der Madhyamaka-Schule des Mahayana. Mit dieser Art der Zeremonie demonstriert Huineng, daß die Zen-Schule selbständig ist.

Mit dem »Formlosen« war eine ganz neue Lehre entstanden. »Neu« bedeutet bei uns immer: Rückkehr zum Wesentlichen der buddhistischen Lehre. Es bedeutet nicht: etwas ganz Neues erfinden. Das gibt es bei euch auch; zum Beispiel heißt »evangelisch« auch: zum Evangelium zurück, zum Wesentlichen zurück.

Aber bevor Eno Zenji, Huineng, mit der Zeremonie beginnt, spricht er über die *Fünf Düfte des Dharmakörpers*, den »Duft«, den Geschmack oder die Essenz dieser fünf Elemente, die ich schon genannt habe. In Morinaga Roshis Kommentaren zum Podiumsutra wird *shila* mit »Gebot« übersetzt, *samadhi* mit »Versenkung«, *prajna* mit »Weisheit«, *nirvana* mit »Befreiung«, und das *Erkennen von nirvana* mit »befreites Begreifen«.

Das möchte ich anders formulieren. »Gebote« als Übersetzung für *shila* ist zu stark festgelegt und mißverständlich – auch wenn es so im Wörterbuch steht.

Solche Übersetzungsfragen tauchen ständig auf. Zum Beispiel gibt es auf Deutsch das Wort Tisch. Wenn man das bei euch sagt, hat man sofort eine Vorstellung von einem hohen Tisch mit Stühlen. In Japan war es ganz lange anders. Es gibt ein Wort, das mit »Tisch« übersetzt wird. Aber bis vor 100 Jahren war das immer ein Tisch von ungefähr 30 cm Höhe. Diese Tische befanden sich immer direkt auf der Tatami-Matte, und man saß auf dem Boden davor. Eure Art Stühle gab es bei uns überhaupt nicht. – Oder Tee: Bei euch muß man dazusagen, welchen Tee man meint, Kräutertee oder schwarzen oder grünen. In London kann man einfach Tee bestellen; der ist dann schwarz. Bei uns in Japan kann man auch Tee sagen, aber der ist automatisch grün.

Wenn wir schwarzen Tee wollen, müssen wir sagen: Ich möchte roten Tee. So verschieden ist das.

Shila jedenfalls ist kein Gebot, es ist die Übereinstimmung mit dem Universium. Dein Magen arbeitet nach dem Prinzip von *shila*. Wenn dein Magen, dein Leben insgesamt nicht mehr in Übereinstimmung mit dem Leben im Universum ist, dann nehmen die Elemente deines Körpers – Luft, Feuer, Wasser, Erde – Abschied voneinander; du stirbst. Das ist dann eine neue Phase im Universum. Das Kalzium aus deinem Körper ist dann zwar nicht mehr Teil deines Körpers, aber es ist noch da. Diese Ordnung des Ganzen ist *shila*.

Begriffe wie »Gebote«, »Verbote« oder »Vorschrift« treffen die Dimension von *shila* einfach nicht, auch deshalb nicht, weil sie von der negativen Seite her gedacht sind. »Regeln« paßt auch nicht; »Regeln« ist die Übersetzung für *vinaya*, die Übungsregeln für Mönche und Nonnen. In diesem Leben sind wir alle Ankömmlinge. Deshalb brauchen wir nicht nur die eigene innere Bemühung, sondern auch Unterstützung von außen und von Personen, die vor uns gegangen sind, die vor uns für den Weg wachgeworden sind. Eine solche Hilfe sind die *vinaya*-Regeln. Da gibt es sogar Formulierungen wie »du darfst nicht«. Dazu gehört zum Beispiel auch: »In diesem Sesshin darfst du keinen Alkohol trinken.« Vielleicht glaubt jemand: »Mit einer Flasche Wein kann ich besser sitzen, weil ich dann alle Schmerzen vergesse.« Aber bei einem intensiven Sesshin sitzt man so viel auf dem Kissen, daß man es mit Alkohol gerade nicht durchhalten kann. Das weiß man, wenn man Erfahrung hat, und deshalb ist diese Regel eine Unterstützung. Gut, man kann alles neu ausprobieren, was schon seit tausend Jahren bekannt ist. Aber man muß nicht.

Shila ist aber keine solche Regel, sondern, wie gesagt, einfach die Grundwahrheit des Universums. *Samadhi* ist das »Drin-Sein« im Universum. *Prajna* heißt, sich *shila* und *samadhi* bewußt zu sein und entsprechend zu handeln. Man sollte also sehr vorsichtig sein beim Übersetzen. Was *shila* (pali *sila*) betrifft, so möchte ich jedenfalls lieber beim originalen Sanskrit-Wort bleiben. Das soll nicht die Leistung früherer und anderer Übersetzer schmälern. Dank solcher unterschiedlicher Übersetzungsversuche können wir uns heute unsere eigenen Gedanken dazu machen und vielleicht mit neuen Vorschlägen dem wirklichen Sinn immer näherkommen. Trotzdem mache ich immer wieder Anmerkungen zu den deutschen Übersetzungen buddhistischer Begriffe, und »Gebot« oder »Verbot« als Übersetzung für *shila* ist eben besonders mißverständlich.

Die wichtigste, ursprüngliche Bedeutung von *shila* ist: mit der Liebe vorangehen. Bei den Tieren sehen wir seelische Gemeinsamkeiten, sie gehen oft sehr liebevoll miteinander um; manche könnten als Vorbild für uns Menschen wirken, zum Beispiel Elefanten: Sie sind unglaublich liebevoll und respektieren sich gegenseitig. Das ist *shila* auf Elefantenweise.

Shila kann man auch andersherum betrachten: Wenn du nichts Schlechtes tust, wenn du zum Beispiel deinem Magen immer nur Gutes tust, dann vergißt du, wo dein Magen ist. Du fühlst dich wohl, weil du mit der Natur im Einklang bist. Dann brauchst du keine Regeln und keine Pflicht, du bist nur bewußt: Das ist *shila*. Wenn du bewußt so lebst, kommst du allmählich auch unbewußt mit der Natur in Einklang.

Wir Menschen leben aber nicht so einfach in Einklang mit den Gesetzen der Natur. Warum? Weil wir denken können. Was meine ich damit? – Früher gab es zum Beispiel viele Lebewesen – Pflanzen – , die haben ständig Kohlendioxid aufgenommen und Sauerstoff ausgespuckt. Sauerstoff war für sie giftig. Da sammelte sich in der Atmosphäre viel Sauerstoff an. Dann kamen neue Lebewesen. Die konnten ausgerechnet den »giftigen« Sauerstoff aufnehmen und das »positive« Kohlendioxid wieder ausspucken. Diese Lebewesen sind die Tiere, wir Menschen inklusive. – Die Tiere leben nach dem Gesetz ihrer Instinkte. Sie haben bestimmte Überlebensfähigkeiten, und manche sammeln sogar Vorräte für den Winter. Gerät etwas aus den Fugen, vermehrt sich zum Beispiel eine bestimmte Art zu stark, dann kehren sich die Zahlen bald wieder um, und das Ganze ordnet sich wieder.

Im Vergleich dazu leben wir Menschen viel selbständiger, wir müssen uns ständig neu entscheiden. Das ist positiv, aber es führt auch zu Problemen. Heutzutage können wir uns mit Hilfe von Wissenschaft und Technik viele Wünsche erfüllen; diese Möglichkeiten sind nicht von vornherein im Einklang mit der Natur. Darum müssen wir uns erst bemühen, sonst sind wir Gefangene der eigenen Begierden. Wenn wir unser Leben nur nach dem Prinzip der Begierde führen, dann schaden wir uns selbst unbegrenzt – und gehen gemeinsam in die Katastrophe. Deswegen spreche ich auf diese Weise über *shila*. Das ist eine neue Sicht.

Ursprünglich wurde *shila* nur als inneres Prinzip betrachtet, etwa so: »Ich will nicht so viel essen. Ich möchte lieber etwas für meine eigene geistige Entwicklung tun und in Ruhe und guter Meditation den Tag verbringen.« Das ist ein inneres Bedürfnis, ein innerer Wunsch, niemand hat dich dazu gezwungen.

Shila – das Prinzip von Leben und Tod im Universum – ist für uns Menschen eine Aufforderung: unsere Übereinstimmung mit dem Universum auf menschliche Weise zum Ausdruck zu bringen. Das müssen wir erst üben, obwohl die Übereinstimmung durch uns hindurchstrahlt und eigentlich überall vorhanden ist. Das wird bei Huineng »Duft« genannt. Damit in Berührung kommen bedeutet: diesen »Duft« riechen, und zwar nicht irgendwo am blauen Himmel, sondern in uns selbst.

Huineng erklärt die »Fünf Aspekte« nicht stufenweise, wie es in den Lehrtexten üblich ist. Dort heißt es: Zuerst kommt *shila*, dann *samadhi*. dann *prajna*, dann *nirvana* und am Schluß noch *Einsicht in nirvana*. In einer solchen Stufenfolge stünde am Anfang ein Tagesablauf nach bestimmten Regeln, das Lernen in der Gemeinschaft mit Hilfe von *shila*. Dann übt man sich in *samadhi*, in Zazen. Man hört zu und versteht; dadurch wird man wach – das wäre dann *prajna*, die Weisheit. Durch *prajna* kommt man zum *nirvana*, das wird dann oft mit »Erleuchtung« übersetzt.

Und danach erkennt man, daß man im *nirvana* angekommen ist – das ist die *Einsicht in nirvana*. So wird es traditionell erklärt; nach diesem Modell kommt man Stufe um Stufe vorwärts.

Bei Huineng ist es nicht so. Bei ihm ist *shila* von vornherein die Wahrheit des Universums, *samadhi* ebenfalls und *prajna* auch. Das ist eine neue Einstellung. Die gehört zu Zen und die erklärt Huineng. Das Ganze ist radikal und *formlos*.

Huineng lehrt über *shila*: »Das bedeutet, daß in eurem Geist (ursprünglich) keine Falschheit, keine Schlechtigkeit, keine Eifersucht und keine Gewalttätigkeiten existieren. Das wird der Duft von *shila* genannt.« Das ist das Wesentliche. Wo gibt es denn Gewalttätigkeit oder Grausamkeit außer bei uns Menschen? Manche sagen, auch die Löwen sind manchmal grausam, oder die Katzen. Aber so einfach ist das nicht. Zwar fressen die Löwen die Zebras. Aber wenn sie zu viele Zebras fressen, haben sie nicht mehr genug Futter. Dann sterben viele Löwen, und die Zebras werden wieder mehr. Das ist die Große Ordnung. – In der Pflanzenwelt ist es ähnlich. Früher gab es riesige Bäume. Die Dinosaurier wanderten über die Erde, sie waren zehnmal größer als ein Elefant. Sie waren so groß, daß sie das Laub der riesigen Bäume fressen konnten. Ist das gewalttätig oder gar grausam? Nein, sie waren in Übereinstimmung mit der Großen Ordnung.

Bei uns Menschen ist das etwas anders. Wir können uns entweder bewußt um die Übereinstimmung mit der Wahrheit des Universums bemühen oder nicht. Wir haben heute auch die Möglichkeit, uns selbst zu zerstören und alle anderen Lebewesen mit uns. Bruch der *shila* bedeutet dann konkret: Zerstörung der Erde, Störung der Ordnung des Universums. Fressen und Gefressenwerden ist in Übereinstimmung mit dem Universum. Nur wir Menschen hören nicht mehr auf, wenn wir unseren Wünschen nachjagen.

Was sollen wir tun? Es geht um die innere Ethik des Lebens selbst, nicht um eine Ethik von außen. Wir müssen uns schulen, die Kraft unserer Begierde zu transformieren. Wir müssen jetzt wach werden. Das bedeutet der Satz von Huineng: »In eurem Geist existieren ursprünglich keine Falschheit, keine Schlechtigkeit, keine Eifersucht und keine Gewalttätigkeit.« Wir haben die schöpferische Freiheit und auch die Fähigkeit, uns selbst zu schulen. Löwen schulen sich nicht selbst. Sie haben eine bestimmte Lebenszeit, keine Schule und keinen Beruf, sie machen keine Entwicklung und brauchen kein Zazen. Wir Menschen jedoch leben ziemlich kompliziert, und es ist unsere Aufgabe, damit zurechtzukommen und uns geistig-seelisch zu entwickeln. Diese Aufgabe ist gleichzeitig eine schöpferische, kreative Freude.

Wir sind von vornherein »drin«, das bedeutet *formlos*. Zusätzlich ist das alles in der Welt derer gesprochen, die den Weg üben. Die konkrete Person, Huineng, übersehen wir dabei leicht. Wer ist Huineng? Er ist selbst »drin« in der Übereinstimmung mit dem Universum, er praktiziert den Weg. Du bist auch drin, dein Magen »praktiziert« in Übereinstimmung mit dem Universum. Deswegen bist du am Leben. Das Ende dieser Übereinstimmung ist auch das Ende des Lebens. Das ist nicht einfach nur eine körperliche Praxis, es ist alles auf einmal – auch geistig-seelisch.

Dann kann man so sprechen wie Huineng. Diesen Punkt möchte ich betonen. Manche Zen-Leute lesen buchstabengetreu aus dem Text heraus: Es »gibt« keine Eifersucht, es »gibt« keine Äußerlichkeit. Das stimmt aber nicht! Natürlich sind wir alle als normale Menschen eifersüchtig oder können wegen Äußerlichkeiten in Verwirrung geraten. Wer das einfach ignoriert, kann mit seinen eigenen konkreten Problemen, dem eigenen konkreten Leben nicht umgehen. Wer das ignoriert, praktiziert nicht ernsthaft den Weg.

Diese radikale Einstellung ist immer wieder frisch, eindrucksvoll und attraktiv. Schon im Herzsutra steht: »Es gibt nichts zu erreichen.« Wir praktizieren die Wahrheit von *shila, samadhi* und *prajna* immer wieder von vorne. Das ist »typisch Zen«. Und es ist alles.

Samadhi und Prajna

Für die Übung von *shila, samadhi* und *prajna* gibt es im Sanskrit einen Überbegriff: *trishiksha*, die »Dreifache Schulung«. Die drei sind zwar eine Einheit – und auch Huineng spricht auf diese Weise über sie –, aber sie werden aus verschiedenen Blickwinkeln erklärt.

Samadhi wird auf chinesisch und japanisch mit zwei chinesischen Schriftzeichen geschrieben, die werden *sammai* ausgesprochen, weil *sammai* ähnlich klingt wie das Sanskrit-Wort *samadhi*. *Sammai* kam also nach China und Japan als Fremdwort aus dem Sanskrit. Im Deutschen ist es mit *samadhi* genauso: Erstmal hat das Wort keine Bedeutung, aber allmählich kann man sich darunter etwas vorstellen, vor allem, wenn man es selbst praktiziert. *Samadhi* und die in der Morinaga-Fassung des Podiumsutra benutzte deutsche Übersetzung »Versenkung« bedeuten nicht dasselbe. »Versenkung« meint im Deutschen doch: Da sitzt man stundenlang, ver(!)-senkt. Genauso verhält es sich mit dem Wort »sitzen«. Pater Dumoulin hat früher »hocken« übersetzt. Heute sagt man meistens sitzen. Natürlich ist Sitzen in diesem Sinne, genau wie *samadhi*, in eurer Kultur fremd. Aber langsam werden solche Begriffe neu verarbeitet. Wenn jemand das Wort »sitzen« verwendet, dann denkt man heutzutage nicht mehr automatisch ans Sitzenbleiben in der Schule oder an das Sitzen auf einem Stuhl. Dennoch passen Wörter wie »Sitzen«, »Meditation«, »Konzentration«, »Versenkung« nicht wirklich als Übersetzung. Deshalb sieht man heute oft das Sanskrit-Original *samadhi*, und ich verwende das auch so.

Wir üben gemeinsam Zazen. Trotzdem mußt du selber prüfen, ob diese Übung mit uns, mit mir für dich gut ist. Wenn viele Mitübende da sind, ist das keine Garantie dafür, daß diese Praxis für dich gut ist. Du mußt selber üben, danach erst kannst du dich sinnvoll entscheiden. Das ist die *shila*-Praxis in dir selber. Vielleicht sagt jemand: »Was tust du da, schweigend zur Wand hin sitzen, in der schlechten Luft von Schwabing? Und dann auch noch zahlen? Das ist doch Zeitvergeudung! Manche machen das eine ganze Woche. Unglaublich! Das führt doch nur zu Knieschäden!« Was willst du selbst? Hör mal deiner inneren Stimme zu!

Was wir brauchen: zu uns selbst zurückkehren und ehrlich spüren, ob etwas gut ist oder nicht. Dazu brauchen wir *samadhi*. Das ist etwas anderes als »Versenkung«; bei diesem Wort denkt man so etwas wie: immer weiter fortsinken, kleiner, kleiner werden, wie mit einem Hammer geschlagen. Nein! In Wirklichkeit ist es umgekehrt. Du mußt aufwachen, hellwach werden, dir klar werden, klarkommen mit dir selbst und deinem eigenen Handeln. Ob es hier gut ist für dich, ob ich als Lehrer gut bin für dich: du kannst es hier auf deinem eigenem Platz prüfen. Wenn du spürst, daß es »nicht stimmt«, solltest du nicht mehr kommen. Um das wirklich zu spüren und zu entscheiden: dafür brauchst du *samadhi*.

Aus dieser Sicht lehrt Huineng über das *samadhi*: »Das heißt alle guten und schlechten Umstände und Erscheinungen wahrnehmen, ohne daß der Geist in Verwirrung gerät.« Das ist von der Wahrheit des Universums her gesprochen. In dieser Wahrheit befinden wir uns von vorneherein. Der Magen arbeitet von alleine, die Augen können von alleine sehen. Bei uns Menschen kommt nur wenig hinzu, doch für uns sehr Wesentliches: zum Beispiel die Sprache. Aber im Grunde genommen sind wir von vorneherein in diesem großen *samadhi* des Universums.

Das dritte neben *shila* und *samadhi* ist die Weisheit; damit ist *prajna*-Weisheit gemeint. Ich betone immer, daß wir im Zen genau wie in der ganzen Mahayana-Überlieferung »Weisheit«

und »Wahrheit« als identisch verstehen. In der deutschen Sprache gilt das ja nicht unbedingt.

Zu diesem dritten Aspekt, *prajna*, erläutert Huineng: »Das bedeutet, daß der eigene Geist, frei von Hindernissen, stets durch Weisheit das eigene Wesen wahrnimmt und bescheint. Es heißt: Nichts Schlechtes erzeugen und Gutes üben, ohne sich daran zu klammern. Es bedeutet, Höherem mit Ehrfurcht zu begegnen und Niederes zu lieben.«

Diese Dinge müssen dir wirklich ganz klar werden. Dafür brauchst du eine immer tiefere geistige Konzentration, die von selber in dir immer reifer wird; das ist *samadhi*. Mit diesem *samadhi* erfüllst du dein eigenes *shila*, weil du nicht mehr davor davonläufst, dich selbst zu prüfen. Wenn dir beim Sitzen der Gedanke kommt: »Ich kann nicht mehr. Vergessen wir mal den Streß von heute. Holen wir einen guten Wein aus dem Keller und spielen die CD so laut wie möglich« – dann verbietet das niemand. Aber dann ist es mit der Selbst-Prüfung vorbei. Zazen-Praxis dagegen ist eine Prüfung. Sie führt zu Klarheit und Intensität auf dem Weg.

So kannst du allmählich klarer sehen, was mit dir los ist – das ist die Praxis von *samadhi*. Wenn das in Harmonie damit geschieht, wie du jetzt gerade bist – dann ist das die Praxis von *shila*. Beides zusammen ist nichts anderes als die Verwirklichung der *prajna*-Weisheit in dir selbst; die Weisheit macht die Wahrheit klar. Es ist wie in einem Kreis: *shila*, *samadhi* und *prajna* sind eine Einheit.

In den Büchern steht immer, daß zuerst die *shila* kommen, dann die 250 Regeln für die Mönche, dann die zusätzlichen für die Nonnen. Darum geht es hier aber nicht. *Shila* ist einfach die richtige Einstellung zum Leben selbst, zur Nahrung, zu den eigenen Kindern, zu den Freunden, zur Umwelt, zur Luft und so weiter. Sie kommt aus unserer eigenen Lebenswahrheit.

Aber warum müssen wir uns dann erst darum bemühen? Weil wir Menschen sind und denken können, weil wir mit unseren

Wünschen und Begierden gegen die Wahrheit des Universums verstoßen können. Im Sitzen wollen wir uns selbst wieder in Einklang mit dem Ganzen bringen.

Unsere Bequemlichkeit kostet viel. Zum Beispiel ist der Urwald auf der Erde die wichtigste Sauerstoffquelle für Lebewesen auf der Erde, besonders der Urwald im Amazonas-Gebiet. Heute wissen alle: Den Urwald retten heißt uns selber retten. Aber wie? Für das Machbare eintreten! Das ist *shila*-Praxis im Bereich Umwelt. Und *samadhi*-Praxis? Das ist: die Notwendigkeit dieser Art von *shila*-Praxis deutlich erkennen. Durch *shila* und *samadhi* allem völlig klar auf den Grund sehen: das ist die Weisheit, *prajna*. Diese Weisheit in die Tat umsetzen: das ist die Einheit des Weges in der Einheit von *shila, samadhi* und *prajna*.

Diese Einheit wiederum ist nichts anderes als die Praxis des *nirvana*: Der *Duft von nirvana* ist der vierte Aspekt in Huinengs Text; hier ist das mit »Befreiung« übersetzt. *Nirvana* bedeutet einfach: jetzt und hier vollkommen erfüllt sein von der Praxis des Weges. Auf diese Weise wach werden ist dann die *Einsicht ins nirvana* (hier »befreites Begreifen« genannt) – und das ist der fünfte Aspekt in Huinengs Lehre.

Noch etwas möchte ich zu *samadhi* sagen, weil es da leicht Mißverständnisse geben kann: Neulich habe ich etwas gelesen, was mich ziemlich entsetzt hat. Ein berühmter japanischer Buddhologe, selber Soto-Priester und Spezialist für die Yogacara-Schule, hatte in einer Zeitschrift *samadhi* erläutert, *sammai-o-sammai*, das »königliche Samadhi«. Darin setzt er dieses »königliche Samadhi« beim Zazen einfach mit der vollkommenen Konzentration beim Pachinko-Spielen, beim Angeln, beim Sport gleich! Das hat mich wirklich tief entsetzt. Pachinko-»Samadhi«, Kegel-»Samadhi«, Tanz-»Samadhi«, Disco-»Samadhi«? Was ist das? Das ist Konzentration, nicht *samadhi*.

Was ist der Unterschied? Die Konzentration auf Pachinko, Tanz oder Kegeln ist meistens leistungsbezogen. Zum Beispiel beim Tennis: Gut Tennis-Spielen ist sicher eine tolle Leistung –

aber wie geht das? Sie wollen unbedingt gut sein oder sogar die Besten. Aber das bedeutet automatisch: Motor und Ziel ist die Begierde.

Beim *samadhi* im Zazen ist es genau umgekehrt: Wir praktizieren den Weg, und das heißt, wir üben, die Begierde loszulassen. Diesen Qualitätsunterschied konnte der Buddhologe nicht sehen. Bei der Übungsweise in der Soto-Schule gibt es aber leider tatsächlich die Gefahr solcher Mißverständnisse: Zazen kann man nämlich schon auch als gute Schulung der allgemeinen Konzentration benutzen, zum Beispiel am Steuer, im Tanzsaal, am Computer oder eben beim Sport. Wenn wir das alles allerdings als WEG üben wollen, müssen wir die Leistungsbegierde loslassen. Erst dann kann Sport auch mehr werden als einfach Sport, nämlich Weg-Übung, Weg-Praxis. Deshalb heißt es *ka-do, ken-do, cha-do* und so weiter, also immer WEG. Aber hier machen wir gar keine besondere Kunstschulung. Wir gehen einfach den Buddha-Weg, *butsu-do*.

Nirvana

Die klassische Bedeutung der »Dreifachen Schulung« *shila-samadhi-prajna* könnt ihr selber im buddhistischen Wörterbuch nachschlagen, da findet ihr genug verständliche Erklärungen. Aber ich spreche hier nicht über die getrennte *shila*-Übung, nicht über *samadhi* als Form des Sitzens, der Versenkung oder Konzentration, und auch nicht separat über *prajna* als menschliche, persönliche, individuelle Weisheit. Ich sage: Die Wirkung des Ganzen ist *prajna*, und das ist identisch mit *samadhi*, und das ist dasselbe wie *shila*; wir sehen die drei als eins – und das ist *nirvana*.

Unsere Umweltprobleme sind durch die westliche Zivilisation entstanden, und sie sind eine Aufforderung an uns: Wir müssen durch *samadhi* in uns die Weisheit *prajna* entwickeln und unser Alltagsleben auf den Weg von *shila* bringen. Wenn wir den Rhythmus der Natur nicht achten, dann bedeutet das: wir achten den Rhythmus des Lebens in uns selbst nicht. Wir können zu jeder Jahreszeit Erdbeeren essen. Ist das nötig? Ist das in Ordnung? Wie weit können wir das treiben?

Heute genügt es allerdings nicht mehr, wenn wir selbstgenügsam unser eigenes Leben in Ordnung bringen. Das ist vorbei. Die Zeit der Einsiedelei ist vorbei. So gesehen sind wir bewußter geworden. Unser Sauerstoff ist der Sauerstoff der ganzen Erde. Mein Kühlschrank zerstörte die Ozonschicht am anderen Ende der Welt. Heute kann man das alte Wort selbstverständlicher verstehen als früher: Alles ist eins, eins ist alles, wie es in einem Zen-Text, dem *Shinjinmei* heißt. Wir haben zu lange die Welt und uns selbst als zweierlei gesehen. Wenn wir uns ändern, bedeutet das, in uns und durch uns das Ganze ändern. Umgekehrt können wir nicht verhindern, daß wir ständig vom Ganzen beeinflußt werden.

Zwar hat schon Buddha das Gesetz von Ursache und Wirkung gelehrt, aber heute ist das alles sehr viel konkreter geworden. In dir fängt es an, das ist gar nicht übertrieben. Du bringst die Verbesserung des Ganzen auf den Weg. Viele sagen: Wenn ich nicht mitmache, läuft es in Deutschland doch genauso wie vorher. So sieht es zunächst ja tatsächlich aus. Aber ohne dich und ohne dich und ohne dich? Wenn eine Million Menschen sagen: Ohne mich! und keinen FCKW-Kühlschrank, keinen Teppich, den Kinder geknüpft haben, mehr kaufen? Dann geht es nicht mehr genauso weiter. Diese gemeinsame Kraft können wir erst heute klar sehen. Deshalb ist dein konkretes Tun durchaus von wesentlicher Bedeutung.

Die Grundbasis für diese Erkenntnis und für dieses Verhalten ist *shila-samadhi-prajna*. Die Praxis der Klarheit ist *samadhi*, ihre Wirkung ist *prajna*. Wenn das Alltagsleben durch die *prajna*-Weisheit geleitet wird, ist das zugleich nichts anderes als *shila*. Dann brauchen wir gar kein eigenes *vinaya*, kein »Du darfst nicht!« oder »Du sollst!« Wenn wir so leben, fühlen wir uns von selber wohl. Bei Alkohol zum Beispiel kann man nicht pauschal Verbote oder Vorschriften aussprechen. Manche Leute nehmen Alkohol sehr gut auf, manche weniger. Wenn sie ihn weniger aufnehmen, ist ein Glas Rotwein vielleicht wirklich gesund, wie manche behaupten. Wenn sie ihn gut aufnehmen, dann ist es schon zu viel. Deshalb kann man über Alkohol gar nicht allgemein sprechen. Du mußt es für dich selbst herausfinden.

Die Übung des Weges ist: sich jetzt und hier allen Problemen und Aufgaben stellen. Wir müssen ständig bereit sein, die Dinge genauer und tiefer zu verstehen. Was gestern war, ist heute nicht mehr. Es gibt keine Wiederholung. Was du heute tust, sieht vielleicht aus wie eine Wiederholung, aber du entscheidest dich doch ganz neu. Zufällig sieht es aus wie gestern, wie letztes Jahr. Aber es sieht nur so aus.

Zazen als *samadhi* ist eine bestimmte Form von Hilfsmittel. Wir sitzen gemeinsam zweimal drei Viertelstunden, vielleicht sitzt du zu Hause sogar noch länger. Aber wenn wir gemeinsam sitzen, dann ist das Gemeinsame das Wesentliche, egal wie lange wir sitzen.

Thich Nhat Hanh lehrt *mindfulness*, Achtsamkeit. Auf die Atmung achten, jetzt in diesem Augenblick – nicht nur dann, wenn wir uns extra auf das Kissen setzen. Achtsam sein: wenn der Gong geschlagen wird, wenn die Uhr schlägt, sofort zu sich selbst zurückkommen. Der Sinn ist, daß wir erst hören, dann uns selber zuhören, dem Leben in uns zuhören, in uns dem Leben zuhören, uns über unser Leben klar werden.

Es hat mich sehr beeindruckt, als Thich Nhat Hanh eines Tages im Dharma-Vortrag sagte: »I have arrived, I am at home«, auf Deutsch: »Ich bin angekommen. Ich bin zu Hause.« Wenn man das hört, ist man überrascht. Er hat es dann erklärt. Am Ende sagte er: »Das ist Nirvana.«

»Ich bin angekommen. Ich bin zu Hause.« Der heimatlose Thich Nhat Hanh findet überall seine echte Heimat. – Als ich früher im Allgäu ganz allein Sesshin machte, hatte ich oft Heimweh nach Japan und meinen Kollegen. Da saß ich in dem kleinen Buddha-Raum gegenüber dem Fenster. Das Haus stand im Tal. Hinter dem Haus, unter dem Fenster rauschte der Bach. Manchmal war es sonnig, und draußen zwitscherten die Vögel. Aber wenn das Sitzen dann tiefer und reifer wurde, bekam ich manchmal das Gefühl: »Ja, ich bin in der Heimat, jetzt bin ich tief verwurzelt.« Erst an diesem Punkt konnte ich das Heimweh richtig verarbeiten. Man braucht das nicht idealisieren; es geht um die Verwurzelung im Hier und Jetzt: dort, wo man gerade ist, und in der Zeit, in der man gerade lebt. Die konkrete Sehnsucht ist trotzdem da. Zum Beispiel stelle ich mir manchmal japanische Kirschblüten oder Pflaumenblüten vor. Wenn ich dann wirklich nach Japan komme, finde ich gar nicht immer das, wonach ich mich gesehnt hatte.

Für uns Menschen ist die Umgebung wichtig. Macha-Tee oder japanische Musik oder Tatami-Matten oder *tsukemono*, eingelegtes Gemüse: Wenn ihr nach Japan kommt, findet ihr wahrscheinlich, das schmeckt wie Sauerkraut. Aber wir Japaner haben da eine Beziehung zu genau diesem Geschmack, zu dieser Musik. Trotzdem: Wir alle müssen unsere Heimat dort finden, wo wir gerade sind. Wenn wir das nicht schaffen, gibt es Streit, wie in Israel-Palästina oder im ehemaligen Jugoslawien oder sonstwo.

Die wichtigste Arbeit für uns und für unsere Heimat ist nicht: Waffen vorbereiten, um »unsere Heimat zu schützen«. Die das tun, sind aber nicht einfach böse. Sie wissen zu wenig, verstehen zu wenig, nicht wahr? Wenn wir wach sind, sehen wir, daß diese jungen Menschen mitten im Krieg großgeworden sind. Ihre Lebensbedingungen sind so schwierig, daß sich fast zwangsläufig geistige Unfreiheit und Fanatismus entwickeln mußten.

Wie ist das bei uns? Wie unfrei, wie eingeengt sind wir selber? Geistig eingeengt, das kann auch heißen: Auf dem Kissen sitzen, sich dabei wohlfühlen und das eigene *samadhi* genießen; oder nach Japan, Birma oder Thailand gehen und dort das *samadhi* auskosten. Wenn du dich aber auf dem Kissen nur wohlfühlst, gefährdest du deinen eigenen Platz, weil du dich auf deinem Weg nicht mit den vorhandenen Konflikten auseinandersetzt. Damit trägst du indirekt dazu bei, daß der Streit weitergeht.

Wenn du dich nicht konfrontieren willst mit all dem und dich auf dein Zazen beschränkst, wird das nichts nützen. Wir sind hier als Menschen geboren. Deshalb ist es unsere Aufgabe, unseren Beitrag zum Wohl des Ganzen dieser Welt zu leisten. Wenn du das in dir selbst so verarbeitest, daß du ehrlich und aufrichtig sagen kannst: »Was ich hier tue, tue ich für alle anderen«, dann ist das eine große Freude für das Ganze. Es darf aber keine dogmatische Überzeugung sein, du mußt es immer wieder neu prüfen. Eine Stunde Zazen: neue Orientierung. Gestern habe ich mich dazu entschieden: heute ist es wieder neu. Wir müssen ständig flexibel sein, weil das Ganze immer fließt.

Huineng spricht erst über *shila-samadhi-prajna* und danach über *nirvana*. Das ist dort übersetzt mit »Befreiung«. Huineng sagt über *nirvana*, da denke der Geist nicht »gut« oder »schlecht«, er hafte an nichts, sei frei und ohne Hindernisse. An diesem Punkt gibt es oft große Mißverständnisse, vor allem hier im Westen. »Weder gut noch schlecht denken« bedeutet nämlich nur: es geht um das Wohl des Ganzen. Es bedeutet nicht: bei einer konkreten Handlung das Schlechte ignorieren. Das Sitzen, die Zazen-Übung, befördert uns gerade nicht automatisch an einen Ort jenseits von Gut und Böse in unserer Alltagswelt.

Huineng sagt »frei und ohne Hindernisse«. Die freie Tat, die Tat ohne Hindernisse: das ist *nirvana*, dieses Handeln ist *nirvana*, die Übung ist *nirvana*. Das heißt, *nirvana* ist dynamisch, ständig in Bewegung. Später im Mahayana wird das Nirvana als Ort interpretiert, in dem Mitgefühl, Liebe und Weisheit ständig praktiziert werden. Es geht sogar noch weiter: Die Praxis von Mitgefühl und Weisheit *ist* Nirvana. Oder mit Thich Nhat Hanh: Sie ist Heimat.

Häufig stellt man sich die Sache mit Nirvana ganz anders vor, und diese Sichtweise wird im Westen betont: Man bemüht sich ununterbrochen, Nirvana zu »erreichen«. In dieser Sichtweise ist Nirvana unbeweglich und statisch. Wir finden das in all den Ausdrücken wie »Nirvana« oder »Erleuchtung erreichen«, »Erleuchtung erlangen«, oder sogar »Erleuchtung bestätigen«.

Ihr kennt Meister Rinzai, den Ur-Dharma-Vorfahren der Rinzai-Schule, der Koan-Schulung in China. Als Rinzai sich von seinem Lehrer Obaku-Zenji verabschiedete, um in seine Heimat in Nordchina zurückzukehren, da rief dieser den Dienstmönch. Der sollte Obakus »Zen-Brett« holen, das wollte Obaku dem Rinzai als »Dharma-Siegel« übergeben. Dharma-Siegel bedeutet: du bist mein Dharma-Nachfolger.

Da schrie Rinzai, der damals natürlich schon Meister war: »Bringt mir sofort Feuer!« Das bedeutet: ich brauche das nicht. Wenn du es mir gibst, verbrenne ich es sofort. Ich gehe nach Hause – mit leeren Händen.

Dharma-Siegel? Erleuchtungs-Bestätigung? Ihr seid abergläubisch, ihr wollt sowas gerne. Aber das ist Unsinn. Ich bin zwar tatsächlich der Beauftragte der japanischen Soto-Schule für Deutschland, Kaikyoshi. Aber wer von euch weiß überhaupt, was die Soto-Schule ist? Und ich bin der Bischof der Soto-Schule? Vielleicht denkt hier jemand: Dann muß ich glauben, daß er gut ist. Umgekehrt denken die Leute in Japan wahrscheinlich: Ja, dieser Bischof, er ist schließlich vom Vatikan eingesetzt, dann muß er ja gut sein. Womöglich aber haben sie ganz andere Erfahrungen gemacht: Ein Priester bringt armen Leuten immer etwas zu essen, aber der Bischof schimpft ihn deshalb, und der Priester darf nicht mehr kommen. So etwas kann man sich in Lateinamerika gut vorstellen. Aber die Soto-Schule? Die ist nicht so aktiv. Also weiß niemand genau, wer ich bin und was die Soto-Schule ist. Ihr müßt euch euer eigenes Urteil über mich bilden.

Nochmal zu Rinzai. Er sagt: Wenn ich in meine Heimat Nord-China zurückkomme, was nützt dann eine Bestätigung in der Tasche, daß ich »Nirvana« oder »Erleuchtung erreicht« habe? Ein Brett, ein Holz – ist das eine Bestätigung für die Menschen dort? Nein, die Bestätigung kommt nur durch mich selbst. Ich gehe nach Hause mit leeren Händen.

Auf der anderen Seite nutzen Symbole schon, wenn wir Menschen ausbilden. Trotzdem sind Symbole in der Geschichte immer problematisch. Sie funktionieren zwei, drei Generationen lang, spätestens dann erscheint eine Reform notwendig. Fast immer ist das so.

Was ich mit der Rinzai-Geschichte sagen wollte: Bestätigung von Erleuchtung, Bestätigung von Nirvana, Bestätigung von Meisterschaft nutzt nichts. Letztendlich solltet ihr sogar *nirvana* vergessen, im Sinn von Thich Nhat Hanh: »Ich bin angekommen, ich bin zu Hause.« Wenn du das aus vollem Herzen sagen kannst, dann fühlst du dich wohl im Leben. Dann kannst du auch für andere dasein. Der Weg für dein eigenes Wohl-Sein ist der Weg der gemeinsamen Übung. Wir können nicht warten, bis wir vollkommene *bodhisattva* sind. Das brauchen wir auch nicht: Wir können für andere dasein, weil wir im Licht des Ganzen sind, im Licht der Weisheit, *prajna*, und des Mitgefühls des Ganzen. Deswegen sind wir immer in der echten Heimat, deswegen können wir jederzeit anfangen.

Unsere eigene Aufgabe ist immer dieselbe: im Fluß des Lebens sein und in Harmonie mit dem Ganzen leben. Weil wir denken können, ist es die menschliche Aufgabe, unsere Denkfähigkeit in diese Harmonie hineinzubringen. Wenn wir uns nicht darum bemühen, werden wir Gefangene der dualistischen Sichtweise, der Begierde und der Blindheit. Wenn wir es aber schaffen, ist es eine echte Freude. Dann finden wir die Stabilität und die Harmonie des Ganzen in uns selbst. Das ist die echte Heimat. Das ist das alles umfassende *nirvana*, erfüllt von Liebe und Weisheit.

Globalisierung – anders betrachtet

Huineng sagt über die *Fünf Düfte des Dharmakörpers – shila, samadhi, prajna, nirvana* und *Einsicht in nirvana* –, es gehe dabei um die »fünf Düfte« oder fünf Aspekte des »eigenen Wesens«.

Nicht nur Pflanzen, auch Tiere leben von vorneherein in Harmonie. Wir Menschen dagegen jagen die Tiere so lange, bis ganze Arten ausgerottet sind. Kürzlich habe ich einen schockierenden Artikel im Umweltteil der großen japanischen Zeitung *mainichi-shinbun* gelesen. Der Artikel befaßte sich mit Nashörnern. Sie stehen kurz vor dem Aussterben. Daran seien, so schreibt die Zeitung, vor allem die Japaner schuld. Heute gebe es weniger als elftausend in der ganzen Welt. In den letzten 25 Jahren seien es 95 Prozent weniger Nashörner geworden. 95 Prozent in 25 Jahren! Mit den Tigern sei es ähnlich, es gebe weltweit nur noch 7400. Wieso sind sie bedroht? Diese Tiere haben doch keine natürlichen Feinde!

Wir wissen aber alle, wie dieser Kreislauf aussieht. Bei uns in Japan zum Beispiel gilt, gemäß der alten chinesischen Medizin, das Horn des Nashorns als Heilmittel; Tigerhaut und Tigerknochen auch. Das sind alte Rezepte, es ist nicht verboten, und niemand denkt dabei an Aberglauben. Deshalb kann man diese Dinge in Tokio und Kyoto auf dem Markt kaufen. Auch wenn das in Tokio hundert Mark kostet: die Japaner haben genug Geld. Andererseits: Wo es noch Tiger gibt, jagen die Leute die Tiger, damit sie abends etwas zu essen haben. Sie haben gar keine Alternative, deshalb ist es ihnen egal, ob die Tiger aussterben, sie können gar nicht darüber nachdenken.

Oder die Leute hier in Deutschland: sie arbeiten viel und können sich fast alles leisten, was sie haben wollen. Es gibt alles im Supermarkt zu kaufen. Wir spüren nicht, wo die Waren herkommen und wie sie hergestellt wurden. Wir vergleichen den Preis; wir rechnen, dieser Teppich ist hundert Mark billiger, dann kaufen wir ihn. Wir können nicht spüren, daß das Kinderarbeit aus Asien ist, wir können nicht spüren, wer das Opfer ist.

Wo ist das Problem? Sind »die Japaner« schuld, »die Deutschen«? Nein, so einfach ist das nicht. Schuld sind die Blindheit und die unkontrollierte Begierde in uns allen, in jedem von uns. Das hat Buddha schon vor ein paar tausend Jahren gelehrt. Nur jetzt müssen wir das wirklich klar erkennen. Zum Beispiel die Fluorchlorkohlenwasserstoffe, FCKW: Jeder wollte einen Kühlschrank haben. Aber Kühlschränke produzierten FCKW, und das zerstört die Atmosphäre der Erde. Das hat man früher nicht gewußt, aber man hat viele solche Kühlschränke produziert. Tee ist auch ein interessantes Beispiel. DDT ist in Deutschland verboten, aber trotzdem wird es hier produziert. Wie können die Hersteller von etwas leben, was sie gar nicht verkaufen dürfen? Sie exportieren es nach Indien. Dort wird es in den Teeplantagen gespritzt, und der Tee wird nach Deutschland importiert. Dann trinken die Deutschen mit ihrem schwarzen Tee das DDT, das sie selber produziert haben.

Wir müssen uns informieren über diese Dinge. Dann können wir uns im persönlichen Bereich überlegen, wie das mit unseren eigenen Wünschen und Begierden ist; wir können uns überlegen, was wir wirklich brauchen. Dann kann ich vielleicht sagen: Einen solchen Kühlschrank, einen solchen Teppich will ich nicht haben. Oder: Ich kaufe die chinesische Medizin aus Tigerknochen nicht, sondern eine aus Pflanzen.

Wir müssen wissen, wie das alles zusammenhängt. Dann können wir uns selbst schützen und indirekt die anderen. Dann begreifen wir, was wir nicht tun »dürfen«. Und wir begreifen: diese Art Nicht-tun-Dürfen ist kein Zwang, es ist einfach

Wachsein. Es geht um das Leben selbst, in mir, in den anderen, um das Leben insgesamt. Auch das Klima ist gefährdet, aber wir können die Ursachen nicht so einfach stoppen. Zu wenige haben in dieser Richtung ein Bewußtsein.

Von der buddhistischen Tradition aus gesehen ist das Problem unsere unkontrollierte Begierde. Die Folgen trägt die ganze Erde. Heute geht es nicht nur um unser eigenes Überleben, es geht um das Überleben aller Lebewesen auf der Erde. Dennoch liegt das wesentliche Problem dabei in uns selbst. Wenn wir nicht aus unserer eigenen Blindheit, unserer eigenen Gier aufwachen können, dann werden wir es nicht schaffen.

Wenn wir jetzt arm sind, sagen wir, die Reichen sind schuld. Aber umgekehrt: Läßt du etwas los, was du hast? Du mußt dich selbst klar verstehen. Erst dann verstehst du deine Nachbarn, die reichen Leute und die armen Leute. Wenn du Reichtum als Schuld betrachtest, übersiehst du dich selber dabei. Wie wäre es zum Beispiel, wenn du plötzlich selber reich würdest? Falls du dich jetzt ausschließlich als armen Schlucker siehst, dann hast du dich nicht von der Idee des Arm-Seins gelöst. Bei uns in Japan hat sich das sehr deutlich gezeigt: da gab es die Partei der Arbeiterklasse, des Proletariats. Mitglieder dieser Partei kamen als Vertreter der armen, ausgebeuteten Arbeiter ins Parlament. Dann waren sie Abgeordnete – und sofort vergaßen sie, wo sie herkamen.

Deine eigene Einstellung zu Armut und Reichtum ist wichtig. Dieses ursprüngliche Problem sehen ist die Praxis von *shila-samadhi-prajna*. Jemand denkt: »Ich möchte zu mir selbst kommen, mich selbst verstehen.« Diese innere Einstellung ist schon die Kraft von *shila*. Da geht es nicht einfach um Nachdenken, sondern um das völlige Wachwerden. Das ist einerseits die Praxis von *shila*, aber konkret mündet es in die Praxis von *samadhi* – nicht im Kopf, nicht im Herz, sondern mit Haut und Knochen, Fleisch und Blut. Die Ordnung des Universums, die Ordnung des Lebens in uns selber erkennen, das ist die Praxis von *samadhi*.

Wie sollen wir uns orientieren? Noch nicht lange her fand in Rio de Janeiro in Brasilien die internationale Umweltkonferenz statt. Damals wurde alles mögliche heiß diskutiert, die Zeitungen waren voll davon. Wer aber hat das jetzt noch im Kopf? Die gefährlichen Dinge geschehen immer noch, es geht genauso weiter wie zuvor. Wir schlafen weiter in Unwissenheit (*avidya*) und haben weiterhin unkontrollierte Wünsche und Begierden (*trishna*). Diese beiden, *avidya und trishna*, beschleunigen die globale Gefährdung.

Wir alle müssen Wissen darüber entwickeln, wie wir gut leben können, und das heißt: richtig leben. Eltern und Erziehende haben die Kinder nicht mehr so in der Hand wie vielleicht früher; mit 13 oder 15 gehen diese allein in die Stadt und machen ihre eigenen Sachen. In der Schule, so habe ich gehört, haben sie als Thema fast nur noch den Computer. Dieses Wissen tragen sie im Kopf als Waffe. Sie haben keine Pistole und kein Maschinengewehr, aber ihre geistige Einstellung wirkt wie eine Waffe. Damit stören sie mit 13, 15 Jahren ihr eigenes Leben und das Leben insgesamt.

Darum geht es bei *shila-samadhi-prajna*. Was ich sage, ist nicht einfach eine Wiederholung der alten Lehren, es ist eine neue Interpretation. Das brauchen wir heute. »Mach mal Samadhi, Zazen, Versenkung, dann bekommst du die Erleuchtung, und dann bist du frei«? Das stimmt doch nicht! »Mach mal Samadhi und Erleuchtung!« Wirkt das gegen das Ozon? Nützt das gegen den Krieg, gegen die 50 Kriege von heute? Alle Kriegsverbrecher sind am Leben, in Afrika ist Hungersnot – und du jagst deiner eigenen »Erleuchtung« nach?

Nein. Früher war das vielleicht einmal möglich, heute geht es nicht mehr. Unsere Aufgabe heute ist, *shila-samadhi-praina* total in unser ganzes Leben zu integrieren. Die Zusammenhänge sind heute so konkret, so sichtbar.

Daß Menschen einmal auf dem Mond landen würden, das mußte früher jedem vernünftig Denkenden als reines Hirngespinst erscheinen. Doch dann haben sie es geschafft, mit der Raumkapsel Apollo 11. Ihr kennt sicher alle diese Bilder, die die Astronauten damals vom Mond aus gemacht haben: Unsere Erde als blau leuchtender Planet im Dunkel des Universums. In meinem Zimmer habe ich diese Fotografie hängen, für mich ist das ein wirkliches Buddha-Bild. Da sehe ich diese Erde, erkenne darauf die Linien der Kontinente und die Aufteilung der Meere. Und da irgendwo sitzen wir, führen gerade irgendwelche Kriege um irgendwelche Landstriche, laufen unseren Begierden nach und bemühen uns angestrengt darum, noch mehr von allem zu bekommen. Und zerstören dabei diesen Planeten Stück um Stück. Aus dieser Distanz, vom Mond aus gesehen, wirkt das alles ziemlich lächerlich, und sehr traurig zugleich, weil wir uns von dort aus selber im wörtlichen Sinn »global« sehen können. Es ist sehr nützlich, sich dieses Bild immer wieder anzusehen, und ich meine, um einen solchen Blick auf unsere Erde sollten wir uns alle ganz ernsthaft bemühen, mindestens um einen solchen Blick. Denn das ist keine Utopie mehr: dieser Blick vom Mond ist längst erreichte Realität, eine Realität, derer wir uns als Menschheit insgesamt längst bewußt geworden sind. Mit diesem globalen, tiefen, klaren Blick können wir uns selber vom Mond aus erkennen – dies ist nichts anderes als das erwachte Auge des Buddha. Mit diesem Auge uns selbst und die Welt erkennen, das ist die Praxis des Zazen. Zazen praktizieren bedeutet also »vom Mond aus« uns selbst verstehen und von daher unser Leben auf den richtigen Weg bringen. Für diesen Blick vom Mond brauchen wir dann gar kein enorm kostspieliges Raumschiff. Es genügt ein Sitzplatz von einem Quadratmeter.

Reue – *sange*

Auf den letzten beiden Sesshin habe ich über *sange* gesprochen, die »Reue«, wie wir sie sehen. Ich habe nämlich erfahren, daß das für euch Deutsche sehr schwierig zu verstehen ist. Beide Vorträge hat leider das Gerät nicht aufgenommen. Das ist gleich ein gutes Beispiel. Wir bedauern, das heißt, es »reut« uns, daß wir dieses Material verloren haben. Die Verwirklichung dieser Reue ist: etwas tun, Praxis. Das heißt, ich rede nicht lange darüber, wie sehr es mich reut, wie sehr mir das leid tut, wie sehr ich das bedauere. Nein. Die Reue hat einen klaren Inhalt: ich spreche ein drittes Mal darüber.

Ga shaku sho zo sho aku go
Kai yu mu shi ton jin chi
Ju shin ku i shi sho sho
Issai ga kon kai san ge

Wir rezitieren das *san ge mon* auf deutsch so: »Alles Üble, das ich aus Gier, Haß und Verblendung, mit Körper, Rede und Geist getan habe: alles bereue ich jetzt.«

Die Übersetzung der letzten Zeile nach dem Wörterbuch ist problematisch, weil das japanische *sange* (skr. *ksama*) und das deutsche Wort »Reue« nicht das gleiche bedeuten. Es gibt viele solche Wörter im geistigen Bereich; die können wir kaum richtig übersetzen, weil sie jeweils ihre eigene Geschichte haben. Dazu gehören besonders »Sünde«, »Schuld« und »Reue«, aber auch »Erleuchtung«. Überlegen wir uns einmal, welche Bedeutung solche Wörter für uns haben: da spielt unsere gesamte Kultur mit hinein; alle diese Wörter werden ganz automatisch von der jeweiligen Kultur her interpretiert.

Ein gutes Beispiel für solche Mißverständnisse ist das Wort »Sekte«. Die Westler sagen zu uns Asiaten immer: Ihr seid die Soto-Sekte, die Rinzai-Sekte und so weiter. Früher habe ich deshalb gesagt, ja, ich komme aus der Soto-Sekte, und meine Kollegen sagen das immer noch. Niemand hat uns erzählt, daß »Sekte« in der westlichen Kultur ein sehr negatives Wort ist. Wir Asiaten können uns nämlich gar nicht wirklich vorstellen, was »Heiden« oder »Ketzer« oder »Rechtgläubige« sind, diese Gegensätze gibt es bei uns gar nicht. Sobald man sich so etwas wie »Heiden« oder »Ketzer« vorstellt, ist das schon nicht mehr buddhistisch. Diese dualistische Vorstellung von »Heiden« oder »Ketzern« und »Richtigen« oder »Rechtgläubigen« führt zu Vorurteilen. Und wenn dann jemand freundlich lächelnd sagt: »Sie sind doch aus der Soto-Sekte«, dann bemerken wir als Japaner gar nicht, welche negativen Vorstellungen hier zu diesem Wort gehören, und wir sagen ebenso freundlich »ja, ja«.

Bei uns gibt es ein Reue-Ritual, da rezitiert man das *sangemon*. Das ist in Dogens *shushogi* niedergeschrieben. Pater Dumoulin hat das teilweise übersetzt. Da nennt er das Reue-Ritual »Sündentilgung«, immer steht da »Sündentilgung«. Wenn ich das lese, muß ich wissen, was »Sündentilgung« auf christlich bedeutet. Im Zen bedeutet das, was Pater Dumoulin mit »Sündentilgung« übersetzt, nämlich einfach: Zazen praktizieren. Aber im Christentum ist »Sündentilgung« etwas völlig anderes. Das ist ein großer Unterschied. Wir müssen also mit den Wörtern sehr vorsichtig sein.

»Alles bereue ich jetzt.« Wenn man diese Zeile wörtlich versteht, dann geht das am Sinn vorbei. Wenn ich sage: Es reut mich, daß ich wegen »Gier, Haß und Verblendung« dies und jenes getan oder gesagt habe oder noch mache – was bringt das? Darüber nachdenken ist schon gut. Aber wir kennen das: Jemand bereut ständig, entschuldigt sich ständig – aber er hat in seinem Verhalten nichts geändert. Zum Beispiel in der Partnerschaft: Da kritisiert einer ständig den anderen und entschuldigt sich dann jedes Mal wieder. Was nutzt das, wenn alles immer so weitergeht? »Deine Entschuldigung habe ich schon tausendmal gehört, das ist die tausenderste. Was nutzt das?« Wenn wir Reue so verstehen, daß man sich entschuldigt, dann ist das für den Anfang schon mal ganz gut, aber es genügt nicht. Ohne Ende könnten wir dann rezitieren: »Alles bereue ich jetzt.« Es würde nichts bringen – höchstens, daß wir nachdenklich werden. Aber das ist nur der erste Anfang.

Bei uns sind »ich bereue« und »ich erkenne« identisch. All das Üble, was ich getan habe, stammt nämlich aus »Gier, Haß und Verblendung«, und die »Verblendung« ist besonders bedeutsam: *avidya*, Unwissenheit, Blindheit. Deshalb ist erkennen, richtig erkennen, gleich richtig bereuen. »Bereuen« ist nicht einfach ein Gedanke oder ein Gefühl; die Reue soll uns zur richtigen Erkenntnis bringen. Das »bereuen« in der letzten Zeile bedeutet also: richtig erkennen, wach werden für die eigene Verblendung. Dieses »Aufwachen zur eigenen grundlegenden Verblendung« bedeutet: sich selbst wesentlich ändern. Wenn alles bleibt wie immer, ist man noch nicht aufgewacht. Dann hat man vielleicht tausendmal das *sangemon* mitgesprochen, aber man hat die Reue nicht in die Tat umgesetzt. Dann war das Rezitieren nichts anderes als das Quaken der Frösche, wie Dogen Zenji sagt.

Der große Meister Tendai Daishi, der im 6. Jahrhundert in China lebte, hat das Thema Reue gelöst, indem er eine Zweiteilung vorgenommen hat, und das ist eine große Hilfe für uns. Die beiden Teile sind: die konkrete äußerliche oder vorläufige Reue und die wesentliche Reue.

Unter »vorläufiger Reue« verstehen wir mit Tendai Daishi die Reuezeremonie, das gemeinsame Rezitieren der Reuetexte. Dabei stellen wir Blumen vor die Buddha-Statue und zünden Kerzen und Räucherstäbchen an. Wir verbeugen uns und teilen miteinander diese Atmosphäre. Zwar kann man auch sagen: Wir haben doch Licht von der Sonne, wozu brauchen wir eine Kerze? Oder: Die Blumen haben wir umgebracht, sonst könnten sie nicht hier sein. Oder die Buddha-Statue ist bloß eine Metallfigur. – Aber die Statue ist ein Symbol, und mit den Blumen, den Kerzen und den Räucherstäbchen schaffen wir eine schöne Opferstimmung, eine positive Atmosphäre. Das ist die »vorläufige gute Tat«: In dieser Umgebung, in dieser Stimmung werden wir bereit, aus ganzem Herzen über uns selbst nachzudenken. Wir wollen besser werden, wach werden. Alles das ist die »vorläufige Reue«.

Die »wesentliche Reue« ist nichts anderes als »in der Stille des Sitzens für die Wahrheit wach werden«. Das bedeutet: die ursprüngliche Ursache des Übels in sich klar verstehen und erkennen. Und das heißt: dafür wachwerden. Aufwachen, Reue und Zazen praktizieren sind eins. Das ist die »wesentliche Reue«, und sie ist der Boden für die »vorläufige Reue«. Erst vor diesem Hintergrund ist die »vorläufige Reue« wirklich gut, mit Blumen, mit Kerzen, mit Gesang und vielen Verbeugungen vor der Buddha-Statue. Verbeugung ist Reue, Rezitieren ist Reue. Reue ist dann ein Zugang, ein Tor zur Praxis, aber gleichzeitig ist das Tor das Hauptgebäude selbst. Reue heißt, wir praktizieren die vollkommene Erkenntnis in uns selbst. Und die vollkommene Erkenntnis in sich selbst praktizieren ist nicht eine Übung unter vielen. So verstanden umfaßt »Reue« alles, bis hin zum Gelöbnis.

Bei der großen, feierlichen Zeremonie folgt nach der *Reue* die *Zuflucht* und danach das *Gelöbnis.* »Zuflucht« heißt, daß ich bewußt auf diesem Weg gehen will. Ich will erkennen, wie Gier, Haß und Verblendung bei mir wirken. Deswegen nehme ich Zuflucht zum Lehrer Buddha. Ich nehme Zuflucht zu seiner Lehre und der durch diese Lehre gezeigten Wahrheit; das ist das *dharma*. Und ich nehme Zuflucht zu denen, die diese Lehre, diese Wahrheit gemeinsam praktizieren; das ist die *sangha*. Diese Zuflucht nehmen und bewußt die Konsequenzen auf sich nehmen: das ist das Gelöbnis, die Richtlinie der Praxis auf dem Weg.

Ein solches Gelöbnis ergibt sich von selbst aus der Reue, ja, es ist von vorneherein in der Reue enthalten.

Im Alltag bedeutet Reue: was wir tun, sollen wir ganz tun. Wenn ich bereue, dann bedeutet das: mich selbst positiv verändern, mein Handeln, meine Rede, mein Denken. Es bedeutet Selbstkritik. »Ich bereue tief« heißt: mein Denken und mein Handeln ändern, mich selbst wesentlich ändern. Das kann man nicht einfach so dahersagen; es bedeutet nämlich, mit letzter Entschlossenheit zu den »Drei Juwelen« Zuflucht zu nehmen und sich dem Buddha-Weg, dem Weg der Heilung hinzugeben. Das ist dann schon das Gelöbnis. Deswegen also enthält die Reue-Zeremonie alle drei: die Reue selbst, die Zuflucht und das Gelöbnis. Das muß eine seelische Wirklichkeit sein.

Im Gelöbnis heißt es: »Der Wesen sind unendlich viele. Wir geloben, sie alle zu retten«. Da gibt es keine Reue mehr, nicht einmal eine Entschuldigung, zum Beispiel »ich kann das gar nicht«. Warum? Weil es nur noch hundert Prozent Entschlossenheit gibt. »Ich gelobe, sie alle zu retten«, ist einfach die gesamte Lebensorientierung. Die Reue praktizieren heißt: in uns selbst die grundlegende Verblendung, die Ich-Anhaftung immer klarer und tiefer erkennen und uns durch diese Erkenntnis selbst ändern. »Erkennen« sollte identisch sein mit »sich selbst ändern«.

Deswegen gibt es im Zen auch keine Therapeuten. Alle sind Übende, wichtig ist nur, daß jemand als Mensch auf dem Weg ist. Es gibt zwar eine Beziehung zwischen Lehrer und Schüler, aber vom Wesen her gibt es keine Unterschiede. Wir sind alle Bodhisattvas, das bedeutet Übende. Lehren und Lernen sind nur vorläufige Dinge. Vielleicht sind manche Menschen weniger bewußt, manche tiefer, manche sind etwas weiter entwickelt und manche erst am Anfang. Wir verehren zwar besonders weit entwickelte Menschen als Lehrer. Aber ich spreche vom Wesen her. Und vom Wesen her sind wir alle gleich auf dem Weg.

Als gemeinsam Übende sind wir niemals perfekt und vollkommen. Wir haben immer etwas zum Nachdenken und zum Bereuen. Zum Beispiel: Ich habe etwas gesagt, und später reut es mich. Vielleicht habe ich zwar richtig gedacht, aber ich habe zu viel oder zu hart gesprochen, zu kurz oder zu scharf. Wer solche Selbstkritik nie übt, der ist entweder schon Buddha – oder ein unerträglicher Mitmensch, der einfach immer recht haben will. Es gab auch große Zen-Meister, die haben gedacht: Ich bin erleuchtet, und deshalb mache ich keinen Fehler. Aber genau das war ihr großer Fehler – auch ein Mensch mit großen geistigen Fähigkeiten bleibt immer noch ein Mensch.

Das dürfen wir nie aus dem Auge verlieren. Manche denken dann: Mindestens Dogen Zenji war doch anders, oder sein Lehrer Tendo Nyojo. Denn das wollen wir gerne: aus jemand einen absolut perfekten, göttlichen Menschen machen. Wir wollen unbedingt, daß solche Menschen anders und besser sind, erst dann sind wir bereit zuzuhören. Aber wenn wir die Augen weit aufmachen, dann sehen wir, daß sich gerade in der Tradition des Zen die Lehrer immer ganz stark selbst kritisierten. Das sollte klar sein. Gute Lehrer haben immer ganz deutlich gezeigt, daß sie Menschen sind und deshalb bis zum Lebensende Reue und Gelöbnis praktizieren müssen.

Dogen Zenji hat am Ende seines Lebens ein Vermächtnis-Gedicht geschrieben. Das ist eine japanische Tradition: am Ende des Lebens ein Gedicht schreiben, in dem man das eigene Denken zusammenfaßt. Da heißt es in der letzten Zeile: »So stürze ich lebend in die *avici*-Hölle ab.« Er sagt nicht: »Ich war jetzt ein Leben lang Zen-Meister, und jetzt gehe ich endlich ins Pari-Nirvana ein, ins vollkommene Nirvana.« Das sagt er nicht. Die *avici*-Hölle ist die schlimmste Hölle. Dorthin stürzt er ab, sagt er. Und warum? Weil er sich bewußt ist, daß er sein Leben lang unvollkommen geredet und gelehrt hat. Das ist die lebendige, menschliche Reflexion. Diese brennende, scharfe Selbstkritik kurz vor dem Tod, das ist typisch im Zen. Im letzten Augenblick zeigen die Zen-Meister, daß sie Menschen sind und einfach immer nur den Weg geübt haben. Sie sind überzeugt, daß sie alles getan haben.

Und gleichzeitig sind sie bereit, in die schlimmste Hölle abzustürzen. Und was tun sie dort? Sich weiter um den Weg bemühen, für sich selbst und für alle.

Wenn ich hier spreche, muß ich bereit sein zu ertragen, daß mir die Augenbrauen ausfallen. Das kennt ihr nicht? Habt ihr nicht das *Bi Yän Lu* gelesen? Dort steht ein Zen-Wort, ein Zen-Spruch, der heißt: Wenn ein Zen-Meister etwas Falsches redet, dann verliert er die Augenbrauen. – Aber das mit den Augenbrauen ist zu wenig: Ich bin bereit, in die Hölle abzustürzen, weil ich hier und jetzt das rede, was ich rede. Auf der anderen Seite rede ich in voller Überzeugung. Ich muß reden, und ich muß genau das reden, was ich rede.

Es gibt nicht halb gut, halb schlecht. Es gibt nur hundert Prozent. Wenn etwas weder gut noch schlecht ist, dann erweist es sich später vielleicht doch als zu hundert Prozent schlecht. Deshalb bin ich bereit, in die Hölle abzustürzen.

Zum Beispiel Kindererziehung: War das hundert Prozent richtig, was du gemacht hast, oder hundert Prozent schlecht? Jede Kleinigkeit entscheiden müssen ist schwer. Wir sorgen dafür, daß es den Kindern gut geht, wir tun alles für sie, was wir für richtig halten. Sicher war nicht jede Entscheidung richtig; aber trotzdem bin ich verantwortlich für alles, was ich getan habe. Hier ist es genauso, nicht? Ich rede zwar aus dem ganzen Herzen, aber immer muß ich mich von Grund auf fragen und fragen lassen: Stimmt das?

Dogen schreibt in dem vorhin erwähnten Gedicht: »Am ganzen Körper habe ich nichts, das etwas verlangte.« Das bedeutet: Von mir aus habe ich alles gegeben. Und wenn es falsch war? Dann stürze ich lebend in die Hölle hinab. Das ist die konsequente Praxis der Reue.

Wie können wir das schaffen? »Ich entschuldige mich« oder »ich bereue« sagen, das genügt nicht. Die richtige Antwort wäre, dich völlig zu ändern. Das ist nichts anderes als den Weg verwirklichen. Wahre Reue heißt: wach werden für die eigene Verblendung; meine Weltanschauung, mich selber radikal in Frage stellen und alles in der Übung des Sitzens verarbeiten. Alles klar sehen heißt dann nicht: »Ich entschuldige mich« oder: »Es tut mir sehr leid«. Wenn ich jemanden körperlich verletzt habe, dann ist es zwar erstmal gut, wenn ich sage: »Entschuldigung, ich werde das nicht mehr tun.« Aber es nützt nichts. Die Wunde muß versorgt werden, damit sie heilen kann.

Seelische Wunden können wir nicht so gut sehen, und deshalb machen wir oft Fehler, wenn wir jemanden seelisch verletzt haben. Eine seelische Wunde kann sehr tief gehen, und doch übersehen wir sie oft leichtsinnig. Aber immer wenn wir wirklich bereuen, können wir unsere eigene Existenz völlig neu orientieren. Wenn wir wirklich nachgedacht haben und uns selbst wirklich ändern wollen, dann schaffen wir es auch.

Das bedeutet Gelöbnis. Das ist ein brennender Wunsch in uns selbst, das ist brennendes Sitzen, völlige Aktion. Auch Daichi Zenji sagt im »Großen Gelöbnis«: »*Hotsugan mon*, möge ich es erfüllen!« Ständig mich selbst ändern, ändern, ändern. Das ist Zazen. Was soll das Sitzen sonst? Wenn es nur schön war und dann doch folgenlos, dann ist das sinnlose Zeitverschwendung.

Im Zazen kehren wir zum Ursprung unserer eigenen Existenz zurück. Von diesem Ursprung her können wir uns den Problemen des Lebens stellen. Zurückkehren: das ist die Seite der Reue. Dann aber herauskommen, sich stellen: das ist die Seite des Gelöbnisses. Und voll drinsein: das ist die Zuflucht, der Ort, wo wir verweilen. Zuflucht wozu? Zu sich selbst. Warum? Die Zuflucht zu den »Drei Juwelen« Buddha, Dharma und Sangha ist wichtig, aber sie ist vorläufig. Durch die Zuflucht zu Buddha nehmen wir schon Zuflucht zu uns selbst. In uns selbst finden wir den wesentlichen Buddha; das ist nichts anderes als die Wirklichkeit oder Wahrheit des Selbst. Das bedeutet, Buddha und Dharma sind dasselbe. Und wir alle sind eins in der Sangha. Deshalb ist die Zuflucht zu Buddha, Dharma und Sangha vom Wesen her identisch mit der Zuflucht zu uns selbst.

Zuflucht

In Europa und den USA entfalten sich in jüngster Zeit die traditionellen buddhistischen Schulen aus Asien immer mehr und weitgehend sogar authentisch. In Japan dagegen wachsen ständig neue religiöse Sekten aus dem Boden, dort scheinen die buddhistischen Schulen nicht fähig, sich selbst zu reformieren. In vergangenen Zeiten dagegen gab es immer wieder Reformen. Ein wichtiger Motor, eine Begründung für Reformen war dabei stets die Rückkehr zu den Kernpunkten buddhistischer Praxis. Und hier ging es immer wieder um die Frage: Welche Bedeutung hat die wahre »Zuflucht zu den Drei Juwelen« oder zu den »Drei Kostbarkeiten«: zu Buddha, Dharma und Sangha?

Vor allem der Fall der AUM-Sekte mit ihren Giftgas-Anschlägen in Tokio 1995 hat ernsthafte Fragen aufgeworfen: Wie steht es mit dem japanischen Buddhismus heute? Wie steht es mit der japanischen Gesellschaft und ihrem Erziehungssystem? Darüber hinaus stellen sich im weltweiten Maßstab weitere Fragen: Wie sieht es heute überhaupt aus mit Religion, mit Religiosität? Man denke nur an die religiös-fanatischen Strömungen im Islam oder an die geistig-gesellschaftliche Situation in den Ländern Europas, wo sich die Menschen immer mehr von ihren Kirchen abwenden; oder an die Konflikte zwischen den verschiedenen Religionen in vielen Ländern der Erde. Dahinter stehen einerseits eindeutig politische und soziale Probleme, andererseits stellt sich hier vor allem die Frage nach dem allgemeinen geistigen Zustand der modernen Gesellschaften. Letztlich ist das für mich die Frage nach dem Wert und dem Sinn des Lebens für uns als die heutige

Menschheit. Menschliches Leben kann, so finde ich, nicht als solches existieren, ohne daß wir nach diesem Sinn forschen, uns um diesen Wert bemühen, ein Gespür für den Sinn unserer eigenen Existenz entwickeln. Diese Fragen zu stellen, das ist die wahre Bedeutung des Begriffes »Religion«.

Als junger Mensch hatte ich mich aus diesen Fragen heraus für das Mönchsleben entschieden. Doch nach einiger Zeit der Mönchsausbildung war ich geistig und körperlich in eine Krise geraten. In dieser Situation war es die ehrwürdige Kawase Genko Anju-sama (Anju-sama ist die respektvolle persönliche Anrede für eine buddhistische Nonne), die Äbtissin des Myogenji-Tempels in Nagoya, die mich wieder »auf den Weg setzte«, meiner religiösen Praxis und meinem Leben wieder die richtige Richtung gab. Dank der Dharma-Liebe, die ich von Anju-sama erhielt, konnte ich die Mönchsausbildung im Eiheiji-Kloster überhaupt erst anfangen.

Der Myogenji-Tempel, wo ich fast für ein Jahr lang als Mönchs-Anwärter für das Hauptkloster angenommen worden war, ist ein kleiner Nonnen-Tempel und liegt inmitten eines Wohngebietes. Wenn ich von der schmalen Gasse davor einen Schritt hinein auf das Tempelgelände trat, fand ich Himmel und Erde von ganz anderer Art, einen Ort der Ehrfurcht, der bei jedem Menschen sogleich eine tiefe Ernsthaftigkeit erweckte, einen Ort der Stille, der jeden mit Ruhe beschenkte. Dieser Ort war erfüllt von der Dharma-Tugend der Kawase Genko Anju-sama, die trotz ihrer angeborenen körperlichen Gebrechen, ohne sich wegen der offensichtlichen Hinfälligkeit ihres Lebens selbst zu bedauern, bei Sawaki Kodo Roshi die Praxis des Dharma-Zuhörens und der Dharma-Nachfolge geübt hatte. Sawaki Kodo Roshi hatte sein ganzes Leben dem Zen von Dogen Zenji – »ohne Gewinn, ohne Erleuchtung« – gewidmet (siehe Kapitel *Sakai Roshi*). Inzwischen sind mehr als zwanzig Jahre vergangen, seit ich mich im Myogenji-Tempel vorbereiten durfte. Aber diese Zeit ist in mir immer noch gegenwärtig und erfüllt mein Herz wie eine Quelle, aus der unaufhörlich reines Wasser entspringt.

Nicht nur ihre Schülerinnen, sondern auch einige streunende Katzen, die sie in den Tempel gerettet hatte, waren in Anju-samas Dharma-Liebe aufgenommen. Es war oft nicht mehr als ein kurzer Gruß oder einige wenige Worte, die wir mit Anju-sama austauschten, und doch spürten wir das Dharma, das von ihr ausging, tief im Herzen. Vielleicht läßt es sich umschreiben mit Worten wie Mitgefühl, Ruhe und gegenseitige Ermutigung innerhalb einer Dharma-Gemeinschaft von Übenden, die sich anstrengen, das Bodhisattva-Gelöbnis zu verwirklichen: zuerst die anderen retten, dann erst sich selbst.

Diese Art von Liebe innerhalb der Dharma-Gemeinschaft ist von anderer Art als die gewöhnliche familiäre Liebe. Sie verwirklicht sich einmal in der vertikalen Beziehung zwischen Lehrer und Schüler, zum andern in der horizontalen Ebene der Übenden untereinander. Im Myogenji-Tempel erfuhren wir in einem völlig gewöhnlichen, unauffälligen Alltagsleben die strenge Schulung des Geistes gemäß der Lehre von Dogen Zenji: Verehrung (der Höheren) und Mitgefühl (für die Unteren). Damals verstand ich das allerdings noch nicht so.

Obwohl nämlich bereits Mitte zwanzig, war ich als Mönch immer noch ein völliger Anfänger. Deshalb fühlte ich mich andauernd unter Druck. Ich sah die beiden großen Aufgaben: das traditionelle Dharma-Studium zu absolvieren und die Praxis Buddhas, das Zazen, zu üben – die beiden Praxis-Räder des Buddha-Weges. Ich hatte das Gefühl, daß mir die Zeit davonlief, weil ich nicht mehr so jung war. Anju-sama bemerkte meine innere Unruhe. Deshalb entwickelte sie aus ihrem Mitgefühl heraus einen Plan, um mir zu helfen.

Gerade zu jener Zeit lag der 74jährige Hauptabt des Eiheiji-Klosters, Sato Taishun Zenji, in Nagoya in einem Krankenhaus. Sato Zenji war früher gelegentlich in den Myogenji-Tempel gekommen, um Zeremonien abzuhalten. Anju-sama selber oder ihre Schülerin, die Nonne Wako-san, brachte ihm regelmäßig eine heilende Essenz aus *shiitake*-Pilzen ins Krankenhaus. Eines

Tages nun bekam ich diese Aufgabe übertragen, und ich behielt sie bis zu seinem Tod. Dank der liebevollen Besorgnis, die Anju-sama für mich aufbrachte, konnte ich nun ungefähr zwei Monate lang diesen ehrwürdigen Zenji sehr nah kennenlernen.

Als ich die Pilz-Essenz zum ersten Mal ins Krankenhaus brachte, wehte ein kalter Wind, und es regnete heftig. Als man mich den Gang entlang zu seinem Krankenzimmer führte, schämte ich mich ziemlich, so wie ich daherkam: barfuß in Holzsandalen und in dem baumwollenen Mönchsgewand, das tropfnaß war vom Regen. Sato Zenji war im hohen Alter vollständig erblindet. Früher war er lange Zeit als Professor tätig gewesen, bekannt für sein unglaubliches Gedächtnis. Auch nachdem er blind geworden war, nahm er noch den Pinsel in die Hand und malte Kalligraphien. Seine Kalligraphien waren berühmt, sie wirkten grandios und waren spürbar durchdrungen von Aufrichtigkeit.

Dieser Zenji lag jetzt vor meinen Augen auf dem Krankenbett, auf dem Rücken. Der junge Dienstmönch ging hinaus, nachdem er den Tee bereitet hatte. Der Zenji bot mir eine Tasse Tee an und dankte für mein Kommen. Ich fühlte instinktiv, daß er allein durch den Klang meiner Stimme meinen Charakter genau erkannte. Wahrscheinlich hatte ihm auch Anju-sama vorher etwas über mich erzählt.

Jedenfalls erteilte mir Sato Zenji gleich eine Belehrung: »Du hast an der Universität studiert, und du übst fleißig Zazen. Wenn du den Buddha-Weg wirklich und vollständig gehen willst, dann genügt das aber nicht. Auch wenn du mit allen Kräften studierst und Zazen praktizierst: es wird niemals ausreichen, solange nicht die Zuflucht zu den Drei Juwelen da ist. Nicht nur Buddha und Dharma, nein: Zuflucht zu allen dreien. Der Geist dieser Zuflucht zu Buddha, Dharma *und* Sangha muß unbedingt spürbar werden.« Seine Stimme klang sehr leise, aber die Worte waren klar.

Ich saß auf einem Stühlchen neben seinem Bett, meine Ohren seinem Gesicht zuneigend, und hörte ehrfurchtsvoll zu. Wie schon gesagt, ich fühlte mich von ihm vollständig durchschaut von dem Moment an, als ich das Zimmer betreten hatte. Heute habe ich verstanden, daß ich da von ihm persönlich eine Unterweisung bekam genau zu dem Thema, das in mir noch viel zu wenig entwickelt war. Damals hörte ich nur voller Ernst und Ehrfurcht einfach zu, ohne schon ganz die tiefe Bedeutung seiner Worte zu begreifen.

Nachdem er mir diese Belehrung gegeben hatte, nahm er seine dünngewordenen Hände über seiner Brust zusammen in die *gassho*-Haltung und wiederholte dreimal:

Namu kie butsu. Namu kie ho. Namu kie so.
Ich nehme Zuflucht zum Buddha.
Ich nehme Zuflucht zum Dharma.
Ich nehme Zuflucht zur Sangha.

Sato Zenji ging am 18. Februar 1975 in die Verwandlung ein, etwa zwei Monate nach jenem Tag, als ich ihn das erste Mal besucht hatte. Am Ende seines Lebens hat mich Sato Zenji gelehrt, daß der Geist der »Zuflucht zu den Drei Kostbarkeiten« der Grundstein für die Praxis des Buddha-Weges ist. Alle drei sind gleich wichtig: Zazen, Studium und die Mitübenden.

Aus dem Geist der »Zuflucht zu den Drei Juwelen« wächst der Geist von *ksama* (skr.) bzw. *sange* (jap.), das ist der Geist der Reue, der kompromißlosen Selbstkritik. Daraus wieder entwickelt sich der Geist des Bodhisattva, der Geist des Gelöbnisses: unablässig alle Wesen zu retten. Aber die Basis von *sange* (bereuende Selbstkritik) und des Gelöbnisses (alle Wesen retten) ist eben die Zuflucht zu Buddha, Dharma und Sangha. Alles ist darin zusammengefaßt, alles entsteht daraus.

Dogen Zenji hat es in dem Kapitel *Kie-sanbo*, das bedeutet »Zuflucht zu den Drei Kostbarkeiten«, im *Shobogenzo*, so gesagt: »Es ist höchst schwierig, einen Menschenleib zu erhalten. Es ist äußerst selten, dem Buddha-Dharma zu begegnen. Es wäre zutiefst bedauerlich, das Leben als Anhänger von Göttern und Dämonen sinnlos zu vergeuden und als einer, der solche falschen Ansichten weiterträgt, mehrere Leben zu verpassen. Auf der Stelle sollte man zu Buddha, Dharma und Sangha Zuflucht nehmen, um das viele Leiden zu beenden und zum Bodhi-Erwachen zu kommen.«

Bodhisattva-Gelöbnis

In der Theravada-Tradition rezitiert man das *metta-sutta*; daraus entwickelte sich im Mahayana das Bodhisattva-Ideal und das Bodhisattva-Gelöbnis. Auf japanisch stehen in den Mahayana-Sutren die vier Zeilen des Gelöbnisses so:

Shujo muhen sei gan do
Bonno mujin sei gan dan
Homon muryo sei gan gaku
Butsudo mujo sei gan jo

Es gibt verschiedene Versuche, diesen Text zu übersetzen. Wir haben uns auf diese Version geeinigt:

Der Wesen sind unendlich viele;
wir geloben, sie alle zu retten.
Blinder Wille wirkt unablässig;
wir geloben, ihn zu überwinden.
Die Lehre der Wahrheit ist unermeßlich;
wir geloben, sie zu ergründen.
Der Buddha-Weg ist ohne Ende;
wir geloben, ihn ganz zu gehen.

Schon mehrmals sind Leute zu mir gekommen und haben mir gesagt: »Das ist zu anspruchsvoll. Ich kann da nicht mitrezitieren. Es geht doch um meine eigenen Aufgaben und Probleme, unter denen ich gerade leide. Das aber kann ich mir gar nicht vorstellen: ›Alle Wesen zu retten.‹ Das ist schon mehr als märchenhaft.« Die Leute haben durchaus Recht, wenn sie sich so äußern. Zunächst einmal kann man nur sagen, dieses Gelöbnis ist Tradition; damit soll man die Praxis des Sitzens anfangen. Warum das so ist, möchte ich jetzt etwas näher erklären.

Es ist ähnlich wie bei der »Reue«. Echte Reue-Praxis ist bei Buddhisten nichts anderes als: Zazen praktizieren, im Sitzen sich selbst erkennen. Wenn du mit dir selbst nicht klarkommen kannst, machst du sowieso immer wieder die alten Fehler, und neue dazu. Für das Klarkommen gibt es eine Tradition und eine konkrete Methode: das ist das Zazen.

Nun kannst du sagen: »Ja, genau das mache ich. Ich vertraue dieser Praxis, obwohl ich noch keine vollkommene Erfahrung habe. Ich vertraue der Lehre, dem Inhalt der Praxis, und mach mit.« Genau das ist »Zuflucht«. Du mußt nichts glauben, was der Buddha gesagt hat, und mögen es noch so grundlegende Lehren sein wie die vom »Entstehen in Abhängigkeit«, *pratitya samutpada*, und ähnliches. Nein. Der Kern ist immer der Bezug auf dich selbst. Der Buddha ist dabei nur der erfahrene Lehrer, ebenso Buddhas Schüler und viele andere Persönlichkeiten in jeder Generation bis heute; die werden allgemein Buddhas – Erwachte – genannt.

»Erwachen« oder einfacher »Wachwerden«, »Aufwachen«, heißt: mit dieser Praxis auf dem Lebensweg klarkommen. Den Ausdruck »Erleuchtung« möchte ich vermeiden. Denn diesen Ausdruck, japanisch *satori*, versteht man heuzutage fälschlicherweise häufig im Sinn der einen, einmaligen, großen inneren Erfahrung, die, wenn wir sie einmal »gehabt« haben, uns sämtliche Probleme auf dem Lebensweg löst. Auch den Buddha stellen wir uns als eine vollkommene Persönlichkeit vor, die niemals einen Fehler machte. Wir sind überzeugt: Seine Erleuchtung war damals, am 8. Dezember, und da ist er diese perfekte Persönlichkeit geworden. Deswegen verehren wir ihn. Der Buddha allerdings wußte, daß er als Mensch niemals vor Fehlern und Irrtümern sicher sein würde, und deshalb übte er weiterhin Zazen – vierzig Jahre lang, bis zum Ende seines Lebens. Er ist um zwei Uhr aufgestanden und um zehn Uhr schlafen gegangen. Er hat nie aufgehört zu üben, das ist überliefert.

Bei Dogen war es nicht anders. »Endlich habe ich verstanden«, sagte Dogen, »ich muß diesen Weg immer weiter gehen.« Wenn wir das klar verstehen, entschließen wir uns, diesen Weg mit Vorsicht und Geduld immer weiter zu gehen. In dieser Weise haben sich die Alten täglich bemüht, jahrelang bemüht, lebenslang bemüht. Diese Bemühung nennen wir: »die Erleuchtung praktizieren«.

Heute wollen viele Leute »Erleuchtung« »gewinnen« oder »erlangen«. Sie wollen sogar von einem Lehrer bestätigt bekommen: »Ja, du bist erleuchtet.« Eine solche Vorstellung ist völlig falsch, aber Angebote in dieser Richtung gibt es trotzdem. In Wirklichkeit ist es so: »Erleuchtung« ist nichts Festes, man kann sie nicht »haben«, man kann sie nur praktizieren, und das heißt: wir bemühen uns, mitten in der großen Ordnung des Lebens wach zu sein. Wenn wir zu viel essen, bekommen wir Magenschmerzen; wenn wir leichtsinnig sind, bekommen wir eine Erkältung; wenn wir negative Gedanken pflegen, hat das Folgen für uns selber. Dabei geht es nicht um Belohnung. Das ist der Weg des Gelöbnisses.

»Der Wesen sind unendlich viele; wir geloben, sie alle zu retten.«

Hier geht es um die Einstellung zum Leben, die Orientierung im Leben. Pflanzen, Bäume, Steine, Sterne, Erde: sie alle sind, soweit wir wissen, ohne Bewußtsein. Über das Bewußtsein von Gorillas, Schimpansen oder Walen wissen wir nicht viel. Trotzdem sind viele Tiere wahrscheinlich viel intelligenter, als wir uns das vorstellen. Außerdem sind sie freundlicher als wir. Wir Menschen sind intelligent, und oft sind wir bösartig und egozentrisch. Ich meine uns Menschen als Gruppe. Wir bringen uns sogar ohne jeden Grund in unvorstellbarer Zahl um.

Sich durch Zazen selbst erkennen oder selbst »verwirklichen« – das mag schon gut sein. Aber wir müssen sehr vorsichtig sein bei Gedanken wie: »Ich praktiziere Zazen, weil es mir dann gut geht« oder »ich möchte versuchen, eine Weile ruhig zu sein; Zazen, diese Art von Meditation, bringt mir Ruhe«. Mag alles sein. Aber das ist nur eine Pause, eine Pause von der Ich-Belastung. In Wirklichkeit ist dadurch gar nichts gelöst.

Fünf Tage Sesshin genießen und denken: Das ist eine gute Pause, eine Erholung für mich! – genau da liegt die Gefahr. Das Gelöbnis betont: »Der Wesen sind unendlich viele; wir geloben, sie alle zu retten.« Im Grunde ist es das Leben selber, so wie es in uns fließt, das uns diese Richtung immer schon vorgibt. Bäume oder Pflanzen oder Tiere leben von selbst in dieser Ordnung des Ganzen. Wir Menschen müssen das erst erkennen und versuchen, damit eins zu werden. Das ist unsere Aufgabe, weil wir Lebewesen sind, die denken können. Durch das Denken entsteht das Ich-Bewußtsein, und das ist für unser konkretes Leben ein wichtiges Werkzeug, eine Notwendigkeit. Nur: wir müssen diese Denkfähigkeit immer wieder am umfassenderen Prinzip des Lebens orientieren, korrigieren.

Intelligenz allein reicht dazu nicht aus. Es gibt Bankräuber oder Kunstdiebe, die aus einem zehnfach verschlossenen Museum ein Kunstwerk von Picasso herausholen können – daß sie im Sinn der »großen Ordnung« handeln, wird wohl niemand behaupten. Es ist ein natürliches Bedürfnis der Menschen, ihre Denkfähigkeit zu entwickeln. Sich dabei über diese große Ordnung des gesamten Lebens klar zu werden sollte ein ebenso natürliches Bedürfnis sein. Wir müssen zum Beispiel irgendwann sterben. Auch schwer krank werden ist ganz natürlich. Wenn ein Mensch schwer krank geworden oder nah am Tod ist, dann ist es seine Aufgabe, damit wirklich zurechtzukommen. Das bedeutet konkret: mit der großen Ordnung des Lebens eins sein; nicht passiv, sondern aktiv mitwirken. Das ist die Praxis des Sitzens, die Praxis des Wachwerdens. Und deswegen ist das Sitzen nicht einfach die Erholung vom Ich.

Jemand anders sagt vielleicht: »Ich mache diese anstrengende Zazen-Praxis, um ein bestimmtes Ziel zu erreichen.« Oder: »Ich möchte durch die Koan-Übung unbedingt die Erleuchtung erlangen.« Welche, nein: wessen »Erleuchtung«? Nicht seine, nicht ihre, sondern meine natürlich! Das ist von vorneherein eine egoistische Einstellung. Das Bodhisattva-Ideal im Mahayana zeigt in die entgegengesetzte Richtung: »*Ich* warte, bis *du* klarkommst, bis du ›erleuchtet‹ bist.« Es bedeutet: zuerst gehen die anderen Lebewesen, erst du, dann sie, dann er, dann meine Kinder; alle außer mir. Dann erst komme ich dran.

»Erleuchtung« heißt auch: Wenn etwas schiefgeht, dann müssen wir bereit sein, uns selbst zu kritisieren und zu korrigieren. Dafür brauchen wir großen Mut. In absoluter Freiheit und Offenheit müssen wir uns selbstkritisch bemühen, richtige Entscheidungen zu treffen, uns gegenseitig zu respektieren und uns zurückhaltend zu begegnen. Das ist der WEG. Das ist mit den Sätzen im Bodhisattva-Gelöbnis gemeint:

»Der Wesen sind unendlich viele; wir geloben, sie alle zu retten. – Blinder Wille wirkt unablässig; wir geloben, ihn zu überwinden.«

»Ich bin gar nicht bereit zu diesem Gelöbnis«, hat eine Frau ganz ehrlich zu mir gesagt, die schon lange Zazen bei mir übt. »Ich habe so viele Probleme in der Familie, ich kann so etwas gar nicht ehrlich sagen.« Das ist in Ordnung; sie kann trotzdem mitrezitieren. Für diese Frau ist das »ich kann nicht« ein zusätzlicher Konflikt. Das Gelöbnis fordert auf zu einer bestimmten Einstellung, und diese Einstellung bringt uns auf den richtigen Weg der Praxis. Die Frau sagt: »Ich leide unter meinem Problem in meiner Familie.« Also weiß sie noch nicht, wo sie anfangen kann, das Problem zu lösen. Es geht nämlich um die eigenen Fehler. In diesem Zusammenhang sollte man Wörter wie »religiös«, »innerlich« oder »seelisch« sehen. Erst wenn man die eigenen Fehler von Grund auf versteht, kann man tolerant werden, weil man dann begriffen hat, daß die Probleme immer so entstehen. Dadurch entwickeln wir Toleranz und Mitgefühl. »Buddhas haben Mitgefühl für uns alle.« Das möchte ich so interpretieren: Der Buddha hat tief verstanden, daß auch er Fehler machen kann. Deswegen ist er darauf gefaßt, daß alle anderen auch Fehler machen, daß sie aus Unwissenheit Fehler machen. Er sagt: »Das könnte mir auch passieren; deswegen möchte ich einen Weg zeigen, diese Fehler-Ursache zu erkennen.« Aber er sagt das ohne Kritik, die die anderen negativ bewertet, denn eine solche Kritik könnte jederzeit zu ihm selber zurückkommen. Das ist der innere Weg.

Diese Frau kann das noch nicht sagen. Wenn sie das Gelöbnis rezitiert, wird auf dem Kissen, beim Sitzen, der innere Konflikt noch konkreter. Das Kissen ist die letzte Station. Von dort können wir nicht mehr weglaufen. Dort können wir die Realität tief begreifen und aus ganzem Herzen akzeptieren: »Ich bin nicht vollkommen, ich kann nicht alles gut machen, es gibt negative Neigungen in mir.« Das ist die Chance, sich selbst zu erkennen, vielleicht sogar heiße Tränen über sich selbst zu vergießen. Dann taucht langsam eine neue Einsicht auf: »Es ist in Ordnung, daß ich so bin.« Von diesem Augenblick an gehen wir auf dem weiteren Lebensweg einfach so: mit *gassho* aus ganzem Herzen »betend«. Das könnte heißen: »Ich laufe oft davon. Aber ich möchte mich trotzdem bemühen, niemals jemand durch Worte, Taten oder Denken zu verletzen. Nein, nicht irgendjemand, ganz konkret: meine Freundin, meinen Freund, meine Eltern ...«

Ich für mich kann nicht garantieren, daß ich immer so freundlich bin. Nein: umgekehrt. Wenn ich Zazen praktiziere, wird mir immer wieder klar, wieviele Fehler ich ständig mache. Wenn man nicht Zazen übt, ist es vielleicht leichter zu sagen: »Ich habe immer recht, ich habe alles gut gemacht.« Aber wenn ich mich durch Zazen einigermaßen anstrenge, dann muß ich wohl akzeptieren, daß ich schwach bin und Fehler mache.

Wenn wir beim Sitzen ruhig werden, lernen wir von selber, ständig mit dem Material aus unserem Leben zu arbeiten. Wir werden vorsichtiger. Wir können uns selber ehrlich anschauen, auch das, was wir in der Vergangenheit getan haben. Dann können wir damit anfangen, jetzt und in Zukunft freundlicher zu sein – freundlich sein, weil es in der Welt meistens ohnehin unfreundlich zugeht.

In der Esoterik-Szene findet man Arten von Meditation angeboten, die einem das Blaue vom Himmel, das Paradies versprechen, wenn man »nur« dies oder jenes täte. So geht es sicher nicht. Denn da bleiben allzuviele Fragen unbeantwortet: Haben wir Frieden geschaffen, in uns selber oder mit anderen? Wie stehen wir mit unseren Nachbarn? Mit den Kindern, den Eltern? Freuen die sich, daß du da bist oder nicht? – Darum geht es, das meine ich mit Orientierung.

Einerseits bringt die Zazen-Praxis, zumal auf einem Sesshin, tatsächlich innere Erholung und Ruhe. Letztlich aber ist es doch mehr: todesbereit sein. Wenn du tot bist, haben sich die meisten deiner Probleme erledigt. Aber solange du noch einatmen kannst, mußt du aktiv entscheiden, was du tun möchtest. Genau dafür brauchen wir Orientierung; nicht nur für uns selbst, sondern für uns alle. Das Bodhisattva-Gelöbnis gibt diese Orientierung.

Vielleicht denkt jemand: »Ich wollte doch die große Erleuchtung haben! Jetzt soll ich alle Lebewesen retten und bis dahin auf die Erleuchtung verzichten?« Gleichzeitig denkt er sich: »Aber irgendwann muß doch die große Erleuchtung kommen.« Und wenn sie kommt: »Endlich, jetzt bin ich erleuchtet, wie Dogen.« Später kommen dann doch die Zweifel. Was ist denn da los mit dieser sogenannten Erleuchtung? Du bist ja immer noch unruhig, und mit den Leuten, mit denen du zu tun hast, gibt es ja nach wie vor eine Menge Schwierigkeiten! Man sieht: Von einer solchen Erleuchtungs-Überzeugung hat niemand etwas, im Gegenteil: Der Familie oder den Freunden, Eltern oder Kollegen gegenüber wirkt diese Überzeugung nur negativ; du strahlst diese Überzeugung aus, weil du an deiner »Erfahrung« festhältst. Wenn du dann auch noch stolz darauf bist, vergiftet das schließlich dich selbst und die anderen.

Deshalb wird später in der Mahayana-Tradition gelehrt: Du »hast« diese Erleuchtung nicht, du muß sie praktizieren. Erleuchtung gehört zum Universum, nicht zu dir. So gesehen sind wir alle in der großen Erleuchtung des Universums, sozusagen in der großen Harmonie. Wenn du stolz bist auf »deine« Erleuchtung, dann fällst du aus dieser Harmonie heraus. Wenn du sagst: »Ich bin der Lehrer, und du fängst erst an« oder umgekehrt: »Ich möchte auch ein erleuchteter Lehrer werden«, dann fängst du schon an zu kämpfen, bis du es irgendwann »geschafft« hast. Eine einmalige oder großartige Erleuchtung? Das mag es geben. Aber das ist niemals eine Garantie für deinen weiteren Lebensweg.

Nein. Vorsichtiger, bewußter sein in den konkreten, feinen Beziehungen zwischen Menschen: das ist »Erleuchtung praktizieren« – genau dort, wo du gerade bist.

Darum also geht es beim Sitzen: Erstmal Erholung oder Ferien vom Ich auf dem Kissen. Aber dabei darfst du nicht stehenbleiben. Irgendwann mußt du von dieser ich-bezogenen Einstellung loskommen. Deshalb üben wir Zazen mit aller Kraft und aller Anstrengung, da kann man sich nicht so leicht einfach nur dem Genuß hingeben. Diese Anstrengung darf man jedoch nicht mit Askese verwechseln. Der Zweck dieser Anstrengung ist eben, die innere Gefahr der ausschließlichen Ich-Bezogenheit zu vermeiden. Als Lebewesen brauchen wir Erholung und Ruhe, sicher. Aber wir brauchen sie, um mit allen Lebewesen gut und harmonisch zu leben. Wir sind niemals allein in dieser Welt. Das ist die Bedeutung des Gelöbnisses.

Weisheit und Mitgefühl

»Mitgefühl« – dieses Wort erscheint in vielen Übersetzungen buddhistischer Texte. Dabei begegnet man immer wieder der Behauptung, in der Zen-Tradition werde über »Liebe« und »Mitgefühl« zu wenig oder überhaupt nicht gesprochen; Zen rede nur von »Erleuchtung«, von *kensho, satori* oder der »Vollendung der Weisheit«. Man muß zwar zugeben: im Zen gibt es eine Neigung zu solchem Denken. Trotzdem ist das ein großes Mißverständnis.

»Mitgefühl« bzw. »tätiges Mitgefühl« ist üblicherweise die deutsche Übersetzung des Pali-Sanskrit-Begriffs *karuna*. Das dazugehörige *metta* (skr. *maitri*) wird meist mit »Güte« übersetzt. Ich würde sagen, man könnte im Deutschen durchaus das Wort »Liebe« verwenden. Liebe – das ist schließlich eines der zentralen Themen des menschlichen Daseins.

Vergessen wir einmal die äußerlichen Unterschiede zwischen West und Ost, zwischen Christentum, Islam und Buddhismus: Wir sind Menschen. Und genau deshalb – weil wir Menschen sind – geht es in jeder Kultur, in jeder Religion letztlich um die Liebe in diesem menschlichen Leben.

Hier im Westen unterscheidet man seit langem – mit griechischen Begriffen – zwischen *eros* und *agape*. *Eros* ist Liebe zwischen Menschen, etwas, das niemals perfekt und vollkommen sein kann. *Agape* dagegen ist grenzenlose Liebe, göttliche Liebe. Das deutsche Wort »Liebe« umfaßt beides. In Indien waren diese beiden Bedeutungen ursprünglich auch nicht getrennt. Doch mit der Entwicklung des Buddhismus wurden statt der übergreifenden Bezeichnung zwei getrennte Begriffe eingeführt, in der traditionellen Pali-Sprache: *tanha* (skr. *trishna*) und *karuna* (skr. *karuna*); in der Mahayana-Tradition erweiterte man später den zweiten Begriff auf *maitri-karuna*. Mit den beiden Begriffen *tanha* und *karuna* könnte man das griechische Begriffspaar *eros* und *agape* vergleichen.

Nochmal zum Zen, das nach Meinung mancher Leute *maitri-karuna* angeblich ignoriert. Dazu möchte ich sagen: Zen gibt es gar nicht; es gibt auch keinen tibetischen Buddhismus und keinen Theravada-Buddhismus. Es gibt nur die ursprüngliche Lehre Buddhas. Bei uns schließen die verschiedenen Schulen einander nicht aus. Nur wenn man Zen mit einem kleinen Kanon von Schriften gleichsetzt, könnte man zu dem Schluß kommen, »im Zen« werde zu wenig über Mitgefühl gesprochen.

Das Pali-Wort *tanha* wird im ursprünglichen Buddhismus so definiert (Nyanatiloka-Wörterbuch): »*Tanha*, Begehren, ist die Hauptwurzel des Leidens und des sich immer wieder fortsetzenden Kreislaufs der Wiedergeburten.« »Wiedergeburt« darf man aber nicht so platt verstehen, wie es heute oft der Fall ist. Weiter bei Nyanatiloka: »Mit Hinsicht auf das dreifache Dasein unterscheidet man drei Arten des Begehrens: Sinnliches Begehren (*kama-tanha*), Begehren nach Feinkörperlichem Dasein (*rupa-tanha*), Begehren nach Unkörperlichem Dasein (*arupa-tanha*).« Diese Unterscheidung ist sehr bewußt und sehr fein getroffen.

Tanha tritt immer gekoppelt mit *avijja* (skr. *avidya*) auf und bedeutet »grundlegende Verblendung, Blindheit«. Am Beispiel der Sexualität sieht man am unmittelbarsten, was damit gemeint ist. Wie häufig hat da Begehren Verletzungen der anderen zur Folge! Aber die Buddha-Lehre und Buddha-Praxis zeigen Ursache und Wirkung auf, sie zeigen die Lösung und den Weg zur Lösung dieses Leidens.

Dieser Weg besteht, kurz gesagt, darin, die *avijja*-Verblendung mit Hilfe der *prajna*-Weisheit zu durchschneiden, wach zu werden, und den Motor zum Leiden, dieses *tanha*, umzuwandeln zum grenzenlosen Mitgefühl für alle Lebewesen. Das ist die allgemeine Buddha-Lehre, und so lernt man es selbstverständlich auch im Zen, weil Zen eben ein Teil des großen Stroms des Buddhismus ist.

Eines aber wird im Zen tatsächlich besonders hervorgehoben: Ohne Verwirklichung der Weisheit, ohne *prajna*, kann man wahre Liebe und echtes Mitgefühl nicht wirklich praktizieren. Trotzdem gilt das Umgekehrte genauso: Weisheit ohne Mitgefühl ist keine Weisheit.

Allerdings verwechseln manche Leute im Zen manchmal etwas, was vielleicht gerade mal ein kleiner Zugang zur Weisheit ist, mit der Weisheit selbst: die *kensho*-Erfahrung, das *satori*. Wenn sie das bestätigt bekommen, glauben sie sich im Stand der vollkommenen Weisheit angekommen. Aber: Sich selbst als vollkommenen Menschen zu betrachten oder zuzulassen, daß andere das tun, ist ganz und gar nicht buddhistisch. Trotzdem hat es solche nichtbuddhistischen Tendenzen im Zen immer gegeben. Bis heute.

In der Zen-Tradition wird immer wieder das Gelöbnis rezitiert: »Der Wesen sind unendlich viele; wir geloben, sie alle zu retten.« Ich möchte fragen: Hast du mit deiner großartigen *kensho*-Erfahrung alle Lebewesen gerettet? Hat sich das Leben von Oma und Opa geändert, und das der Nachbarn? Und in dir selbst? Was hat sich da geändert? Aber du bist stolz darauf! Das Gelöbnis geht weiter: »Blinder Wille wirkt unablässig; wir geloben, ihn zu überwinden.« Retten, überwinden – was für unmögliche Aufgaben! Und doch rezitieren wir jeden Tag dieses Bodhisattva-Gelöbnis. Das ist der Geist des Zen. Solche gewaltigen Aufgaben erfordern allerdings einen ungetrübten Blick, auch und vor allem sich selbst gegenüber.

Die beiden letzten Zeilen sind: »Die Lehre der Wahrheit ist unermeßlich; wir geloben, sie zu ergründen. Der Buddha-Weg ist ohne Ende; wir geloben, ihn ganz zu gehen.« Das ist eigentlich nichts anderes als das, was der Begriff *agape* fordert: unbegrenzte Liebe vollenden. Allerdings würdet ihr das im Westen so formulieren: *agape* ist die göttliche Liebe, oder Gott ist die Liebe selbst. Bei uns im Osten, im Mahayana-Buddhismus, ist es anders: Grenzenloses Mitgefühl ist eine absolute Aufforderung für uns Menschen als Weg-Übende, sie wirkt weit über die Begrenzung von Leben und Tod hinaus. Wir müssen entschlossen sein, bei jeder Wiedergeburt immer wieder ins »Meer des Gelöbnisses« hineingeboren zu werden, uns immer wieder der Verwirklichung der grenzenlosen *maitri-karuna* zu widmen. So verstehen wir Wiedergeburt: Solange es leidende Wesen gibt, sollen sich die Bodhisattvas, die Weg-Übenden, den Leidenden widmen, egal in welcher Existenzform, ob als Kuh, als Regenwurm oder als Lindenbaum.

Um diese Aufgbe zu erfüllen, ja überhaupt damit anfangen zu können, bedarf es der Weisheit. Buddhistisch ist das immer *prajna*-Weisheit, und das ist keine individuelle Weisheit, sondern die Verwirklichung der Weisheit in der Welt. Das darf man nicht mit *satori* verwechseln. In der Zen-Tradition studieren wir ständig die traditionellen Theravada- und Mahayana-Texte, und darin werden wir in unserer Skepsis bestärkt, was die »Erleuchtungs-Erfahrungen« und ihre »Bestätigung« durch manche Lehrer betrifft. In den alten Lehren wird ganz klar die Verblendung erklärt: »Deine« Erleuchtung existiert nur in deinem Ich-Bewußtsein, *mano-vijnana*. Ob du wach bist oder schläfst, du bist immer ich-bezogen, weil das der Lebenstrieb ist. Mein Herz arbeitet für *mein* Leben, und normalerweise stille ich erst *meinen* Hunger und *meinen* Durst. Im geistigen Bereich ist es nicht anders.

Die vom Ich befreite Weisheit verwirklichen: das ist eine endlose Aufgabe. Trotzdem brauchen wir schon jetzt diese Weisheit, damit wir überhaupt *maitri-karun*a in diesem Leben praktizieren können. Das ist möglich, so wird es gelehrt. Also, keine Verzweiflung! Wir sollen bescheiden sein, aber uns nicht entmutigen lassen. Wenn ich es in diesem Leben nicht schaffe, dann bemühe ich mich eben in einem der nächsten darum. Sowas kann man aber nur sagen, wenn man sich seiner Alltagserfahrungen wirklich bewußt wird.

Darüber muß grundlegende Klarheit bestehen: Wenn die ernsthafte, selbstkritische innere Einstellung sich selbst gegenüber fehlt, dann ist die Zazen-Übung umsonst, auch wenn sie noch so mühsam und anstrengend ist. Dann sollte man sie lieber lassen, weil man dann nur für sich selbst übt. Eine dennoch durch Zazen herbeigeführte »Erleuchtungs-Erfahrung« würde zu nichts weiter führen als zu einer wahnwitzigen Ich-Überzeugung. Das wäre zugleich die völlige Hilflosigkeit.

Die Aufgabe ist also: Kritisiere nicht andere, sondern dich selbst. Du bist das Zentrum der Welt, du bist die Mitte des Kosmos. Wenn du in diesem Moment in deinem Leben ein kleines Stück Harmonie schaffst, wird das zu einem Verdienst für die ganze Welt. Da sehe ich eine Möglichkeit, Schritt für Schritt über die Unterscheidung von *eros* und *agap*e, von *tanha* und *karuna* hinauszukommen, ohne den Mut zu verlieren. Wir dürfen uns nicht mit der Idee zufriedengeben, daß wir sowieso immer in der begrenzten menschlichen Liebe, *eros* oder *tanha*, gefangen sind.

Auf diese Weise ist Zazen so etwas wie »beten«: im Zazen sollen Angst vor dem Tod, aller Kummer und alles Leid in diesem Leben gelöst werden. Das ist die Zazen-Praxis im Jetzt-Hier. Das ist der Buddha-Weg. In den Worten von Dogen Zenji: »Weg-Übende sollen folgendes wissen: man sieht Leben-und-Tod in der Welt der Praxis des Weges. Aber man praktiziert den Weg nicht in der Welt von Leben-und-Tod.« (*Gyoji-Shobogenzo*)

Ursprünglich bedeutet *karuna* so viel wie »stöhnend«: Jeder Mensch stöhnt und seufzt unter dem Leid dieses Lebens, auch Buddha. Dieses »Stöhnen«, diese Klage dringt an unser Ohr: es ist mein Freund, meine Freundin, es ist meine eigene und deine Klage. Dieser Klagelaut ist die Wirklichkeit des menschlichen Lebens. Da ist kein Platz für Überheblichkeit, da kann nur das Bemühen um Aufrichtigkeit sein. *Maitri* bedeutet ursprünglich Freundschaft. Da gibt es nur die Feststellung: Du leidest auch, das Leben ist schwer. Gehen wir also zusammen diesen Weg, vielleicht können wir doch etwas bewirken. Wir können die Güte und das Mitgefühl der Erwachten und Dharma-Vorfahren direkt spüren; und sie ermutigen uns auf dem Weg, den uns Buddha gezeigt hat: lebenslang Zazen praktizieren, um Weisheit und Mitgefühl zu verwirklichen. Buddha selbst wurde von niemandem »bestätigt«. Aber alle haben gespürt, daß von ihm tiefes Zufriedensein, Friede, Güte und Mitgefühl ausgingen.

Nach der Grundeinsicht in die Bitterkeit unseres Lebens kann sich in uns ganz allmählich die *prajna*-Weisheit entwickeln. Aber es ist nicht genug, wenn diese Einsicht auf dem Kissen reift. Für den Alltag müssen wir *upaya* lernen, geeignete Methoden. Liebe und Mitgefühl genügen nicht, die Weisheit muß uns dabei helfen, bei den Methoden eine konkrete Auswahl zu treffen. Es gibt dabei keine endgültig richtige Antwort, die man wie ein Kochrezept im Kochbuch nachschlagen könnte. *Upaya*, die Methode, die wir gerade anwenden, müssen wir immer wieder unserer Selbstkritik unterziehen, damit wir niemanden verletzen.

Von hier aus gesehen wird als Gegenstück zu *tanha* eine dreifache Definition von »Liebe und Mitgefühl« möglich: 1) begehrende Liebe, 2) Mitgefühl in Grenzen: den Menschen, die wir kennen, aus ganzem Herzen Gutes tun, ohne dabei etwas zu begehren, und 3) Mitgefühl ohne Grenzen: allen Menschen und allen Lebewesen Gutes tun, ohne Unterscheidung und ohne Begehren.

Nach der buddhistischen Lehre ist nie etwas »unmöglich«. Daß diese drei möglich sind, sieht man sogar ziemlich leicht: Frisch Verliebte sind zum Beispiel oft umfassend freundlich, auch allen anderen gegenüber, denen sie begegnen, sie sind harmonisch und rundum liebevoll. Das ist uns allen schon passiert, oder? Leider stürzen wir alle aus solchen Zuständen immer wieder ab, oft von einem Augenblick zum nächsten, es geht leider nicht stufenweise. In der Regel verläuft das Leben eher chaotisch. Deshalb müssen solche Ansätze bewußt weitergeführt werden, und wir haben die Möglichkeit dazu in der Zazen-Übung.

»Was ist der wahre Mensch ohne Rang und Namen?« schrie der Zen-Meister Rinzai seinen Schüler an. »Sag schon, schnell!«

Du mußt es sagen! Du mußt es herausfinden, du mußt es tun! verlangt Rinzai. Das bedeutet: den schönen Worten deines Lehrers darfst du gern zuhören. Aber es genügt nicht. Du mußt selber sehen lernen, du mußt die Augen aufmachen, du mußt darauf achten, niemanden zu verletzen. Mitgefühl muß auf dem Kissen praktiziert werden, sonst hast du kein Recht, dort sitzenzubleiben.

Wenn darüber keine Klarheit besteht, dann schimpfen die Zen-Meister ihre Schüler mit kräftigen Worten, wie man es eben als typisch aus der Zen-Tradition kennt. Uns in Selbstzufriedenheit zurücklehnen, mit schönen Worten von »Liebe und Mitgefühl« reden, andächtig zusammen meditieren und uns dann vormachen, wir hätten für die ganze Welt »Verdienste« geschaffen: Nein, niemals! Das sind alles nur Spiele: Man will kein Leiden mehr sehen, und gemeinsam geht es besser. Und wenn man Schüler »unter« sich hat, noch besser ...

Die alten Zen-Meister gebrauchten nicht nur harte Schimpfworte gegenüber ihren Schülern. Sie waren auch sehr streng mit sich selbst. Sogar beim Sterben waren sie noch völlig selbstkritisch, das sieht man an den Vermächtnis-Gedichten. Sie wollten keine Meister sein. Sie übten einfach den Weg als unvollkommene Bodhisattvas, zum Wohle aller Wesen. Da geht es immer um Mitgefühl. Typisch für das Zen ist nur die radikale Entdogmatisierung. Also: betrachtet Zen niemals als etwas Besonderes! Der Zen-Weg ist der Buddha-Weg, sonst nichts.

KARMA

I

Was ist *karma*? Ins Deutsche müßte man es wohl übersetzen mit »Tat« oder »Handlung«. Der Begriff »Handlung« erscheint – der buddhistischen Tradition nach – in drei Varianten: »Handlung des Körpers«, »Handlung der Rede« und »Handlung des Geistes«. Dazu unterscheidet man noch »heilsame« und »unheilsame Handlungen«. All diese Gesichtspunkte spielen bei der Betrachtung von *karma* eine Rolle. Gemäß der Lehre heißt es, der eigentliche Erzeuger von Karma ist immer unser Geist; so sind also auch die Handlungen des Körpers und die Handlungen der Rede vom Geist verursacht.

Vom Standpunkt dieser Lehre aus gelangt man sofort zu einigen weiteren Grundbegriffen, ohne die man *karma* nicht klar verstehen kann:

- *engi* (jap.), *pratitya samutpada* (skr.): das »Bedingte Entstehen«,
- *innen* (jap.), *hetu-pratyaya* (skr.): »Ursachen und Bedingungen«,
- *jiko* (jap.), das »Selbst« im buddhistischen Sinn: das Nicht-Ich, das mit dem Universum identisch ist.

Ein bloß abstraktes Verständnis dieser Begriffe – und damit auch von *karma* – führt freilich nur zu deren dualistischer Versteinerung und Dogmatisierung. Das bedeutet: ohne geistige Auseinandersetzung damit, ohne aktuelle buddhistische Praxis, ist kein echtes Verständnis möglich. Theoretische Erklärungen und Interpretationen des Karma-Begriffs gibt es reichlich. Einschlägige

Lexika geben Auskunft, man kann selbst Studien treiben und sich bei Fachgelehrten die nötigen Informationen besorgen. So wird man auf die unterschiedlichen Ausprägungen des Karma-Begriffs stoßen, etwa in Texten des Theravada, des indischen oder des tibetischen Mahayana oder der chinesisch-japanischen Traditionen. Dabei sollte aber von vornherein klar sein, daß sich uns die wahre Bedeutung von *karma* auf diesem Weg letztlich nicht erschließen wird, auch wenn wir noch so eifrig studieren und noch so viele auswendig gelernte Informationen darüber in unserem Kopf gespeichert haben. Wahres Verständnis kann uns nur die Klarheit des Geistes bringen. Das gilt nicht nur für den Karma-Begriff, sondern überhaupt für jede der buddhistischen Grundlehren. Anders gesagt: Wahres Verständnis im buddhistischen Sinn ist die klare, das Dharma realisierende *Praxis* des Geistes selbst.

Wenn wir nun zu einem solchen »wahren Verständnis als Dharma-Praxis selbst« kommen wollen, müssen wir zuerst damit aufhören, die in unserem Kopf gespeicherten begrifflichen Versatzstücke und Texte wie Denk-Automaten ständig zu wiederholen. Wir sollten also nicht mehr unablässig von »heilsamem und unheilsamem Karma« reden, oder von der schon längst zu einer versteinerten Idee gewordenen »Zwölfgliedrigen Kette«, oder gar von dem heute so sehr in Mode gekommenen Thema »Wiedergeburt«.

Wenn also von *karma* die Rede ist, sollten sich ernsthaft Dharma-Übende ganz aktuell mit folgenden Fragen auseinandersetzen:

- Wer, was bin ich? Bin ich das Selbst oder das Nicht-Selbst?
- Was bedeuten eigentlich Selbst und Nicht-Selbst?

Anders gefragt: Was bedeutet »bedingtes Entstehen« (*engi, pratitya, samutpada*), was bedeutet »Ursachen und Bedingungen« (*innen, hetupratyaya*). Bin ich das selber, oder bin ich es nicht? Was hat das mit mir zu tun?

Solches Fragen, als lebendige, aktuelle Auseinandersetzung in und mit sich selbst, das ist die Praxis des Dharma-Weges. Solche Praxis ist, in der Form der Fragestellung, zugleich die Realisierung des Dharma.

Es geht allein um diese Dharma-realisierende Übung oder Praxis. Es geht nicht um bergeweise zusammengetragene intellektuelle Informationen und analytisch ausgerichtete Systematisierungs-Aktionen zu den Begriffen Karma, Selbst, Dharma, Wiedergeburt etc. In den alten Lehren lautet die unmißverständliche Aufforderung an alle, denen das nicht klar ist: Wach auf, werde wach für dein eigenes Karma! Wach auf und sieh, wer du bist!

Während seiner Wanderzeit wurde der spätere Meister Seppo (Hsüehfeng, 822-908) von seinem Mitbruder Ganto (Yen-t'ou, 828-887) beschimpft: «Hast du noch nie das Wort gehört: Was von außen her zum Tor hereinkommt, ist des Hauses wahres Kleinod nicht. Du mußt es aus der eignen Brust heraus so strömen lassen, daß es den Himmel überschattet und die Erde zudeckt; dann erst liegst du einigermaßen richtig, wie es sich gehört.« (BI-YÄN-LU, 5. Beispiel)

»Eines Tages stritten die Mönche der Östlichen und der Westlichen Halle in Nansens Kloster über eine Katze. Nansen sah das, nahm die Katze und sagte: ›Wenn jemand etwas sagen kann, werde ich die Katze nicht töten.‹ Niemand in der Versammlung sprach ein Wort. Nansen teilte die Katze in zwei Teile. Später erzählte Nansen dem Joshu die Begebenheit. Joshu nahm seine Sandale, legte sie sich auf den Kopf und ging. Nansen sagte: ›Wärest du dagewesen, du hättest die Katze gerettet.‹« (*Zuimonki*, S. 37 ff)

Dogen Zenji gab dazu den Kommentar: «Die Handlung von Joshu war eine hervorragende Tat.« Und auf die Frage seines Schülers Ejo: »Fällt es unter die Verbrechen oder nicht?« antwortete Dogen: »Ja, es ist eine Form von Verbrechen.« Zuvor aber hatte der das Zweiteilen der Katze als eine »Buddha-Tat« bewertet.

Sollten wir da nicht auch Dogen fragen: Also was nun, Meister, Verbrechen oder Buddha-Tat?

Hören wir, was er selbst als Kommentar gibt: »Diese Methode ist zwar in Ordnung, es ist aber besser, sie nicht zu benutzen.« Dogen beurteilt also an dieser Stelle die Handlungsweise Nansens, das Zweiteilen der Katze, als nicht befriedigend. Dennoch gibt er verschiedene Antworten, verschiedene Varianten von Antworten, mal aus dem Blickwinkel von Nansen, mal aus dem Blickwinkel von Nansens Schülern. Diese Art des Antwortens in Varianten entspricht Dogens eigener Art der Dharma-Praxis.

Viele Leute sind entsetzt, wenn sie die Nansen-Geschichte lesen. Die Zweiteilung der Katze sei doch »Mord«, also extrem »unheilsames Karma«. Dieselben Leute aber essen doch ohne weiteres ein Fisch-Filet, eine Gemüse-Suppe oder Vollkornbrot, vielleicht auch Schweine- oder Kalbsschnitzel. Die Tiere mußten zuvor getötet, das Gemüse geerntet werden – durchaus auch eine Form des Tötens – sonst könnten sie nicht als Nahrung in unseren Mund kommen.

Jener Meister Nansen wagte es, die Katze zweizuteilen, um das negative Karma, den in Verblendung befangenen Geist seiner Schüler aufzubrechen; um seine Schüler zum Aufwachen zu bringen und dadurch Liebe und Mitgefühl in ihnen zu erwecken. Dogen kommentiert seinerseits diese Tat als unbefriedigend, bewertet sie aber auch als Buddha-Tat. Wie soll man das verstehen? Ist das nicht unverschämt, ja unverantwortlich und kriminell? Sollten wegen solcher Verbrechen des Geistes nicht beide, Nansen und Dogen, in die *avici*-Hölle geschickt werden? Da rechtfertigt der eine, Dogen, das Zweiteilen einer Katze, einen »Mord« also, als »Buddha-Tat«, und der andere, Nansen, hat diese Tat ganz konkret-körperlich begangen: Dogens Beurteilung dieser Tat ist, der üblichen Karma-Definition nach, ein Verbrechen des Geistes, Nansens Tat ohne Zweifel ein Verbrechen des Köpers und des Geistes; beide also sind sie Verbrecher.

Wir können unsererseits allerdings ein solches Urteil über diese beiden nur fällen kraft der Tatsache, daß wir leben. Unser Leben, Körper und Geist, verdankt sich dem Leben anderer Wesen, indem wir ständig Spinat, Karotten, Roggen, Fische oder Schweine ihres Lebens berauben, sie »ermorden«. Wir könnten ja einmal zurückfragen, wie die von uns ermordeten und aufgegessenen Lebewesen, Spinat oder Schweine zum Beispiel, uns beurteilen. Sind wir nicht skrupellose Spinat-Abschneider? Oder Fisch- und Schweine-Mörder? – Ja! möchte ich sagen. Verbrechen ist Verbrechen. All diese alltäglichen, für uns selbstverständlichen Aktionen wie Ernten, Schlachten, Kochen, Essen und so weiter sind in gewissem Sinn tatsächlich verschiedene Formen von Verbrechen.

Wenn aber Dogen Zenji Nansens Tat als »Buddha-Tat« bewertet und verkündet: »Buddhas Tat und die verbrecherische Tat sind zweierlei, obwohl sie innerhalb einer einzigen Handlung auftreten«, dann fragen wir uns natürlich auch sofort: Sind unsere unaufhörlich begangenen Alltags-»Verbrechen« nicht auch »Buddha-Tat«? Wenn ja, wer behauptet das? Wenn nein – sind wir denn alle nichts als Verbrecher? Wo gibt es Schuld? Sind wir alle nichts weiter als nur verblendete Produzenten unseres negativen, unheilsamen Karmas? Wo sollen wir ein sicheres Kriterium hernehmen für die Beurteilung von »Verbrechen« und »Buddha-Tat«, von »unheilsam« und »heilsam«? Dogen hatte offenbar ein solches klares Kriterium. Wie er mit der überlieferten Geschichte von Nansen und der Katze umging – das war für Dogen die aktuelle Dharma-Praxis selbst. Seine Bewertung und sein Kommentar zeigen, daß auch Dogen mit seiner Fragestellung zwischen »Verbrechen« oder »Buddha-Tat« in zwei Teile zerrissen ist. Nein, es ist falsch, diese Angelegenheit mit dem Denkschema von Entweder-Oder verstehen zu wollen.

Schauen wir noch einmal genau hin, was Dogen sagt: »Buddhas Tat und die verbrecherische Tat sind zweierlei, obwohl sie innerhalb einer einzigen Handlung auftreten.« Gut, so schätzt Dogen die Tat Nansens ein, und zwar mit seinem eigenen Kriterium. Aber wie kann er selbst die Richtigkeit seines Kriteriums behaupten? Wie kann er, in der Überzeugung von der Richtigkeit seines Kriteriums, seine eigene Aussage als heilsame geistige Tat rechtfertigen? Woher kommt seine Überzeugung? Darf er so sicher sein? Und wie weit reicht diese Sicherheit? Könnte man ihn nicht genausogut als unheilsamen Verbrecher bezeichnen, weil er damals in seinem Kommentar Nansens Tat als »Buddhas Tat« bezeichnete und dieser Kommentar uns bis heute, fast 750 Jahre danach, noch überliefert ist; weil wir uns infolgedessen, heute und hier, beruhigt auf Dogen berufen könnten. Wenn nach seinem Kriterium Nansens Tat »Buddhas Tat« ist, dann sind doch auch unsere alltägliche Aktionen »Buddhas Tat«, dann gilt das für die Zweiteilung von Spinat oder Schweinen eben genauso wie für die Zweiteilung der Katze.

II

Nein! Dogen behauptet nämlich an keiner Stelle, seine eigene Tat, sein Kommentar, sei »Buddhas Tat«. Wenn er so etwas behauptet hätte, wäre er eine Art geistiger Diktator gewesen. Solche Beispiele von diktatorischen, dogmatischen religiösen Behauptungen gibt es ja leider gar nicht selten, in Ost und West, in Vergangenheit und Gegenwart. Wenn wir übrigens genauer hinsehen, stellen wir fest, daß auch Nansen selber nicht behauptet hatte, die Zweiteilung der Katze sei »Buddas Tat« gewesen, ja nicht einmal, daß sie aus gutem Willen geschehen sei. Die Beurteilung als »Buddhas Tat« taucht nur in Dogens Kommentar auf, und dieser Kommentar ist Teil von Dogens eigener Dharma-Praxis. Die Verantwortung dafür trägt Dogen ganz allein. Er mußte sich also völlig im klaren darüber sein, daß sich sein Kommentar möglicherweise als Dharma-schädliche, karmisch negative geistige Tat auswirken könnte, als Dharma-Verbrechen, und daß er dafür in die *avici*-Hölle stürzen könnte. Und sollte es dazu wirklich gekommen sein, dann war er, in die *avici*-Hölle abstürzend, ohne etwas zu bereuen, bei hellem Bewußtsein vollständig dazu bereit, weiter das Dharma zu üben, egal in welche Hölle er stürzen würde.

Dogen starb 1253. Sein Vermächtnis-Gedicht lautet:

In vierundfünfzig Jahren
Habe ich der Welt Licht gegeben.
Ich sprang heraus und
Mit einer tastenden Berührung
Habe ich das ganze Universum durchbrochen.
I i i i i i i!
Am ganzen Leibe habe ich nichts, das etwas verlangte,
Und so stürze ich lebend in die *avici*-Hölle hinab.

Vielleicht praktiziert Dogen jetzt, unbeugsam und unermüdlich, den Weg als Bodhisattva in der *avici*-Hölle, um dort die wegen ihrer Verblendung leidenden Lebewesen zu retten.

Und wir? Sind unsere Kriterien deutlich und klar, was die Tat von Nansen, von Dogen oder unsere eigenen Taten betrifft? Ist das unser aktuelles Karma-Thema? Wo finden wir überhaupt ein Kriterium, mit dem wir in diesem Leben sicher sein können? Was bedeutet »sicher«? Gibt irgend jemand uns solche Sicherheit, solche Überzeugung? Finden wir sie vielleicht in den alten Texten? Bekommen wir sie vielleicht von irgendwelchen Dharma-Lehrenden?

Aber wie können wir sicher sein, daß diese im Geist Buddhas handeln und nicht vielleicht doch als geistige Verbrecher wirken, die uns geradewegs in die *avici*-Hölle führen?

Es hilft alles nichts: Wir müssen uns selbst darüber im klaren sein, daß wir völlig allein die Verantwortung dafür tragen, sollten wir in blindem Vertrauen in blinde Abhängigkeit von Lehrern geraten, weil sie uns vielleicht eine Schein-Sicherheit bieten. Wenn es aber so wäre – kommen wir nach dem Karma-Gesetz dann in die Hölle? Oder sind wir vielleicht schon längst in der Hölle? Wo gibt es Licht? Wo gibt es wahre Orientierung auf dem Weg?

Wenn wir wirklich, so klar und hellwach wie Dogen, dazu bereit sind, in die *avici*-Hölle hinabzustürzen, nichts verlangend und einzig dem Bodhisattva-Gelübde verpflichtet, dem Dharma-Mitgefühl für alle Lebewesen, dann ist genau das die wahre Orientierung auf dem Weg, es ist das immer strahlende Licht selbst, das uns den Weg zeigt und uns Freude schenkt:

> Mögen alle Lebewesen in Frieden sein!
> Mag auch der Sturz
> In die *avici*-Hölle schon begonnen haben –
> All meine Kraft wende ich auf,
> Der ganzen Welt Licht zu geben.
> Mag auch die Wirkung meiner Mühe
> Nur bescheiden sein.

Meister Hyakujo (Pai-chang Huai-hai, 720-814) gab eines Tages dem alten Mann, der wegen einer falschen Antwort für 500 Leben zu einem alten Fuchs geworden war, über *karma* folgende Belehrung: »Das Gesetz von Ursache und Wirkung nicht trüben!« Das zeigt sehr genau, was *karma* bedeutet. Von Hyakujo stammen auch die folgenden Worte über *karma*: »Alles, alles, Worte, Reden, Berge, Flüsse, die ganze Erde, jedes einzelne Ding, es macht alles kehrt und kommt zuletzt nur auf dich selbst zurück.« (BI-YÄN-LU, 2. Beispiel)

Leben und Tod

Ein Mönch fragte Daizui Zenji (Tasui-Fachen, 834-919): »Wie ist es, wenn der Tod kommt?« Daizui sagte: »Gibt man mir Tee, so trinke ich ihn. Gibt man mir Speise, so esse ich sie.« Der Mönch fragte weiter: »Wer nimmt die Gabe an?« Der Meister sagte: »Räume deine Mönchsschale auf!«

Eine ähnliche Geschichte gibt es über den chinesischen Zen-Meister Unmon (Yünmen Wenyen, 864 – 949). Ein Mönch fragte Unmon Zenji: »Der Tod ist gekommen. Wie kann man ihm entgehen?« Unmon sagte: »Wo gibt es ihn überhaupt?«

Solche Zen-Dialoge über den Tod stimmen uns innerlich heiter, bringen uns aber auch zum Nachdenken. Zum Beispiel könnten wir uns selber fragen: An welcher Stelle bereitet der Tod Schwierigkeiten, und wem? Beginnt die Schwierigkeit nicht schon damit, daß der Tod überhaupt als ernsthaftes Lebensproblem formuliert wird? Und wer tut das eigentlich?

Der Tod als solcher ist ein natürliches Ereignis, das alle Lebewesen erwartet, die in diese Welt geboren werden. Nur wir Menschen können an den Tod denken, bevor er uns wirklich begegnet. Genau das ist das Problem. Mit dieser Fähigkeit, daß wir den Tod denken können, richtig umzugehen, das ist die echte Aufgabe.

Es ist das Ich der Menschen, das sich den eigenen Tod mit Angst und Schrecken vorstellt. Aber in der Wirklichkeit des jetzigen Augenblicks ist der Tod ein bloßer Begriff und eine Vorstellung jenseits der momentanen Wirklichkeit. In den buddhistischen Lehren wird der Tod daher letztlich als ein Problem des Ich behandelt, er ist eine der vielen Schwierigkeiten, die aus der Ich-Anhaftung resultieren. Die zentrale Lehre zu diesem Thema ist die der »Drei Merkmale«, *trilakshana*. Alles, was existiert, trägt diese »Drei Merkmale«, die das Dharma so beschreibt:

anitya: – Veränderlichkeit, Unbeständigkeit, Vergänglichkeit
duhkha: – Leiden, Unbefriedigtsein, Unerfülltheit, Leidhaftigkeit
anatman: – Unpersönlichkeit, Nicht-Wesenhaftigkeit, Substanzlosigkeit.

Das Wachwerden zur Realität dieser drei, zu *anitya* (als allgemeiner Wahrheit dieser Welt) und *anatman* (der Wahrheit von *anitya*, wenn sie der Mensch auf sich selbst anwendet) löst die Ich-Anhaftung und das daraus resultierende *duhkha*. Dadurch entsteht ein innerer Friede, die *klesha*-Verblendung, alle Verwirrungen sind ausgelöscht, und das ist *nirvana*. Im Mahayana wird dieser innere Friede oft auch nach außen wirkend dargestellt. Diesen nach außen wirkenden Frieden könnte man auch als »Viertes Merkmal« verstehen. Die vier wären dann also *anitya, anatman, duhkha* und *nirvana*.

Auch das Zen lehrt nichts anderes. Aber es lehrt *trilakshana* auf seine Art: dynamisch und lebendig, radikal und heiter. »Gibt man mir Tee, so trinke ich ihn. Gibt man mir Speise, so esse ich sie.« Oder: »Wo gibt es den Tod überhaupt?«

Der japanische Soto-Zen-Meister Ryokan (1758-1831) erlebte ein schweres Erdbeben, das weite Teile des Landes verwüstete. Weit über tausend Menschen starben und über zehntausend Häuser wurden zerstört. Um diese Zeit verfaßte Ryokan einen persönlichen Brief an seinen Freund, einen Laien. Zu Anfang des Briefes beschreibt er dieses Erdbeben als ganz besonders schrecklich; er zeigt sich aber erfreut über das Glück im Unglück, daß von seinen eigenen Bekannten und Verwandten niemand zu Tode kam. Am Ende des Briefes stehen dann seine berühmten Lehrzeilen: »Aber trotz alledem hat es doch seine Richtigkeit, einem Unglück auch zu begegnen, wenn es schon kommen muß. Es hat seine Richtigkeit, daß man stirbt, wenn man sterben muß. Dies ist die wunderbare Weise, die einen vor Unglück bewahrt.«

Ohne Angst, ohne Sorge und ohne wirre Vorstellungen im Kopf sterben, wenn man sterben muß, und mit allen Schwierigkeiten und Problemen leben, solange man am Leben ist: das ist die Praxis des Aufwachens. Wenn die Persönlichkeit durch jahrelange Zen-Praxis reif geworden ist, dann ist die Lebenseinstellung zu einer solchen Konsequenz ausgeprägt.

Ähnliche Aussagen der Zen-Meister gibt es nicht nur über den Tod, sondern auch über persönliches Unglück. So wurde Joshu Zenji (Chaochou Tsungshen, 778 – 897) gefragt: »Wenn ein großes Unglück kommt, wie kann man ihm ausweichen?« Er antwortete: »Soll's doch kommen!«

Es gibt auch Geschichten darüber, wie die Zen-Meister tatsächlich starben, und auch dort finden wir jene ernsthafte und offene Gelassenheit. Meistens äußerten sie sich noch einmal als Lehrer mit einem Dharma-Wort. Diese Worte sind kurz, sie bestehen aus wenigen Sätzen in Gedicht- oder Dialogform. Die Zen-Meister lehren noch – und schon sterben sie seelenruhig. So gibt es eine Geschichte über Yakusan Zenji (Yaoshan Weiyen, 745-828). Beim Erlöschen schrie er: »Die Dharma-Halle fällt um! Die Dharma-Halle fällt um!« Die Mönche rannten los und versuchten die Halle mit ihren Händen festzuhalten. Da rang der Meister seine Hände, rief »Ihr versteht mich nicht!« – und starb.

Kurz vor dem Ende seines Lebens stieg Unpo Zenji (Yünfeng Wenyüeh) auf seinen Platz in der Dharma-Halle, dankte seinen Schülern und trug ihnen folgendes Abschiedsgedicht vor:

Sechsundsechzig Jahre weilte ich in dieser Welt.
Vor neunundfünfzig Dharma-Altern wurde ich Mönch.
Falls Zen-Übende das Wesentliche von mir wissen wollen:
Die Nase liegt unter dem Scheitel.

Nach diesen Worten starb er ruhigen Herzens.

Kassan Zenji (Chiashan Shanhui, 805-881) rief vor seinem Tode die Lehrer im Kloster bei sich zusammen und sagte zu ih-nen: »Jahrelang habe ich zu den Übenden über den Weg gesprochen. Die tiefste Wahrheit des Buddha-Dharma muß jeder von euch selbst erkennen. Ich stehe jetzt am Ende meines Lebens. Die Zeit ist reif. Ich gehe. Und ihr, seid achtsam und tut so, wie ihr getan habt, als ich noch anwesend war. Stimmt niemals einfach in das Handeln der Welt-Leute ein, die unbedacht ein trauriges Gesicht zeigen.« – In der Nacht nach dieser Rede starb er.

Aber nicht alle Zenmeister waren bei ihrem Tod in guter körperlicher Verfassung. Manche starben auch geschwächt und unter großen Schmerzen. Beim Sterben braucht man nicht mehr zu spielen. Der Tod ist ein ernsthaftes Ereignis. So erklärt sich jene tiefe Gelassenheit, ja sogar Heiterkeit bei manchen Meistern, gerade im Extremzustand des Sterbens. Ein Beispiel sind die letzten Tage des schon erwähnten japanischen Soto-Meisters Ryokan Zenji. Schon lange Zeit war Ryokan wegen einer schweren, schmerzhaften Darmerkrankung bettlägerig. Er war völlig ausgemergelt und zu Tode geschwächt. Da verfaßte er trotz seiner starken Schmerzen zum Abschied ein kurzes Gedicht:

Was mag ich zum Gedenken hinterlassen?
Kirschblüte im Frühling.
Kleiner Kuckuck in den Sommerbergen und
Rotgefärbte Ahornblätter im Herbst.

Und als sich die Schüler sehr besorgt um ihn zeigten, antwortete er ihnen lächelnd:

Ein rotgefärbtes Ahornblatt
Zeigt einmal seine schöne Seite,
Ein andermal die andere –
Und fällt herab.

Die Geschichte vom Sterben des Tozan Zenji (Tungshan Liangchieh, 807-869) ist besonders eindrücklich und einprägsam (nach dem Text *Sodoshu*): Am ersten März im Jahre 869 ließ sich der Meister den Kopf rasieren. Nach dem Baden zog er sich nach den alten Regeln das *kesa* (das ursprünglich aus Flicken gemachte Gewand, wie es Buddha getragen hatte) an. Dann ließ er die Glocke schlagen, und alle Schüler kamen herbei. Er begrüßte sie, und danach starb er seelenruhig im Lotossitz. Alle Schüler weinten heftig. Da öffnete der Meister seine Augen wieder und unterwies sie: »Es ist die wahre Übung der Hauslosen, innerlich von den Dingen unabhängig zu werden. Warum heult ihr also alle und seid ewig unzufrieden?« Dann rief er einen Lehrermönch und trug ihm auf, ein »Fest für die Nörgler« auszurichten. Da kamen die Äbte anderer Klöster, die seine alten Schüler waren, und bereiteten das Abschiedsfest vor. Sieben Tage später war alles fertig. Der Meister verbrachte diesen Tag mit allen gemeinsam und aß ein paar Bissen mit ihnen. Er sagte: »Was soll eure Eile? Ausgerechnet wenn ich die Welt verlasse, macht ihr so viel Lärm und Krach.« Am achten Tag ließ er sich baden. Nach dem Baden setzte er sich wieder im Lotossitz nieder – und starb endgültig. Sein Lebensalter war dreiundsechzig, sein Mönchsalter zweiundvierzig Jahre.

Es entspricht der Weisheit der Buddhalehre, den Tod als natürliches Geschehen der Vergänglichkeit ernsthaft in unser Leben zu integrieren. Gerade weil das Leben kurz und vergänglich ist, ist es absolut kostbar, und die Suchenden werden immer wieder aufgefordert, wachzuwerden und aus diesem Wachsein heraus ein wahres und sinnvolles Leben zu führen. Das finden wir in der gesamten buddhistischen Überlieferung, wir lesen es auch in den Zen-Schriften. Der japanische Meister Dogen weist in seinen spontanen Dharma-Ansprachen (*Shobogenzo Zuimonki*) immer wieder darauf hin, daß das Leben unsicher und kurz ist und daß wir Menschen uns deshalb selbst in diesem Leben zur Reife bringen müssen.

Dieser Verweis auf die Vergänglichkeit ist nicht pessimistisch. Der Blick auf die Vergänglichkeit soll vielmehr eine vorläufige, aber sehr wichtige innere Bereitschaft erwecken. Nur eine solche ernsthafte Bereitschaft kann die seelischen Probleme des Menschseins lösen.

Der Tod ist nur für die Lebenden schwierig, nicht für die Toten. Und in der Wirklichkeit des Lebens ist er nicht einmal für alle Lebenden ein Problem. Bis jetzt hat mir niemand erzählt, daß jemand wegen irgendeines Lebensproblems im Schlaf(!) Selbstmord verübt hätte. Es ist auch nicht bekannt, daß Neugeborene wegen der heutigen schwierigen Weltlage ernsthaft überlegen, ob sie weiterleben sollen. Mancher Mensch möchte sich selbst umbringen, wenn er spürt und denkt oder glaubt, daß die Welt, in der er lebt, aus den Fugen geraten und zerstört ist. Aber daraus spricht gerade die grundlegende Verblendung der Ich-Anhaftung: die Welt, die für ihn persönlich keinen Sinn zum Weiterleben mehr bietet, ist ja nur die Welt, wie sie genau dieser Mensch interpretiert und versteht. Die Welt, die ihren Sinn verloren hat, ist nichts anderes als ein Bild, das er sich selber gemalt hat. Die Vorstellung vom Tod kann nur denen ein Problem sein, die aus ihrer engen Sicht heraus die Wirklichkeit des Lebens und der Welt nicht so sehen können, wie sie ist. Dies gilt auch für Menschen, die Angst vor dem Sterben haben und davor, nach dem Tod (zur Strafe) in die Hölle zu kommen. Ihr ganzes Leben lang haben sie immer wieder die Interpretationen gehört, die in ihrer Kultur und in ihrer Gesellschaft darüber im Umlauf sind. Und letztlich haben sie diese Vorstellungen übernommen, haben sich daraus ihr persönliches Bild von der Welt nach dem Tod gemacht. Daraus resultiert ihre Angst vor dem Tod. Auch hier also wieder die enge, persönliche, ich-bezogene Sichtweise als Ursache.

Unser Leben und unser Tod – genauer gesagt, Leben und Tod in uns – laufen nicht nach unseren Vorstellungen und Wünschen ab. Natürlich sind unsere eigenen Gefühle und Gedanken ständig aktiv, wenn wir mit anderen Menschen, mit Lebewesen oder auch mit Dingen zu tun haben. Wir interpretieren und analysieren diese Welt mit unserer eigenen Vernunft und unserem eigenen Gefühl. Aber das ist nicht alles. Wir müssen uns ständig bewußt sein, daß die Welt, in der wir zu leben glauben, nur die Welt ist, wie wir sie selber interpretieren und wie wir sie uns mit Hilfe unserer eigenen Gedanken und Gefühle ausmalen. In diesem Abbild der Welt sehen wir unseren Tod, und das ist niemals der Tod an sich. Wer das erkennt, der wacht auf zur Leerheit der Wirklichkeit, zur Leerheit des Selbst und der Welt. Die Wahrheit dieser Leerheit (*shunyata*) ist immer Gegenstand der (buddhistischen) Lehre: »Leer (*sunna*) ist die Welt! Leer ist die Welt!« So sagt man, o Ehrwürdiger. Inwiefern aber, o Ehrwürdiger, wird die Welt als leer bezeichnet? Weil sie, Ananda, leer ist an einem Ich und an etwas zu einem Ich Gehörenden, darum wird die Welt als leer bezeichnet.« (Nyanatiloka »Der Weg zur Erlösung«, Samyuta-Nikaya, XXXV, 85).

Im Herz-Sutra, das alle Mahayana-Schulen hochschätzen, steht der Satz: »Alle Dinge dieser Welt erscheinen als Form und als Substanz. Das ist nichts anderes als ihre Leerheit: Sie entstehen nicht und vergehen nicht.« Diese Aussage ist keine dogmatisch-nihilistische Behauptung. Sie beschreibt nur die Wirklichkeit dieser Welt. Spätere Aussagen im Herz-Sutra widersprechen der normalen dualistischen Vernunft: »Da ist auch keine Unwissenheit und kein Ende der Unwissenheit. Da gibt es weder Alter und Tod noch die Überwindung von Alter und Tod. Da ist kein Leiden, weder Ursache noch Ende des Leidens, und auch kein Weg, der zum Ende des Leidens führt.« Diese Mahayana-Aussage ist weit radikaler und konsequenter als etwa die Worte des Theravada: »Allvergänglichkeit: Körperlichkeit, Gefühl, Wahrnehmung, Geistesformationen und Bewußtsein sind vergänglich, geschaffen, bedingt entstanden, dem Versiegen und Hinschwinden, der Abwendung und Erlöschung unterworfen. Auf Grund des Erlöschens dieser Dinge aber spricht man von Erlöschung.« (Nyanatiloka »Der Weg zur Erlösung«).

Auf japanisch gibt es den buddhistischen Fachterminus *shoji* (chin. *shengssu*), »Leben und Tod«. Das bedeutet zweierlei.

Zunächst ist es die Übersetzung des Sanskrit-Begriffes *jati-marana*, das heißt »Geborenwerden und Sterben«. Der Begriff *jati-marana* kommt zum Beispiel in der *pratitya-samutpada*-Lehre des »Bedingten Entstehens« vor.

Zum zweiten ist *shoji* aber auch eine Übertragung des Sanskrit-Begriffs *samsara*, was den Kreislauf der Existenzen in verschiedenen leidvollen Leben bezeichnet. Nach Buddhas ursprünglicher Lehre ist *samsara* die Wiedergeburt in verschiedenen Existenzformen; diese haben keine Substanz und erwachsen aus der grundlegenden Gier (*trishna*) und Verblendung (*avidya*). In der »wahren Wirklichkeit« der *shunyata* (Leerheit) gibt es »Leben« und »Tod« als dualistisch verstandene Phänomene nicht. Das Mahayana betrachtet das Samsara deshalb als die Welt der Erscheinungen, die von ihrem Wesen her gleichzeitig mit Nirvana identisch ist. »*Samsara* ist nichts anderes als *nirvana, nirvana* ist nichts anderes als *samsara*«, so heißt es bei Nagarjuna, der im 2./3. Jahrhundert christlicher Zeitrechnung in Indien lebte.

Die beiden Bedeutungen des Begriffs *shoji* (»Leben und Tod«) als erstens *jati-marana* (»Geborenwerden und Sterben«) und zweitens *samsara* (unaufhörliches, leidvolles Leben in den verschiedenen Existenzformen) – machen deutlich, worin dabei das Problem für uns Menschen besteht: Es geht nicht um eine tiefe philosophische Erkenntnis – wir müssen praktisch damit umgehen lernen. Wir müssen dazu wachwerden, daß es sich dabei um die universelle Wahrheit des Menschseins handelt, dieselbe universelle Wahrheit, die auch in den schon erwähnten »Drei Merkmalen« (*trilakshana*) ausgedrückt ist, die man in der Mahayana-Tradition auf »Vier Merkmale« erweitert hat: *anitya, anatman, duhkha, nirvana*. Wer Samsara überwinden und beenden will, muß innerlich-seelisch zur Wirklichkeit dieser Wahrheit wachwerden; und das heißt, praktisch damit umgehen lernen. Zwar sind *samsara* und *nirvana* bloße Vorstellungen und, wie Nagarjuna sagte, im Grunde genommen identisch. Das darf aber nicht mißverstanden werden: Sehr wohl existiert Samsara-Nirvana. Aber es hat keine wirkliche Substanz: das bedeutet »leer« (*shunya*). In der *shunyata* unterscheidet sich nichts wesenhaft von etwas anderem, und aus Wahrheit und Wirklichkeit der *shunyata* erwächst die Mahayana-Aussage: »*Klesha*-Verblendung ist nichts anderes als *bodhi*-Erwachen.« *Klesha* sind leidverursachende Emotionen, den Geist trübende Leidenschaften, blindes Haben- und Nicht-Haben-Wollen; das entspricht im wesentlichen den Sanskrit-Begriffen *avidya* (»Nichtwissen«, »Verblendung«) und *trishna* (»Durst«, »Begierde«). Alle *klesha* entspringen der universalen Grundlebenskraft in uns Menschen. Diese Lebenskraft kann, nach Ansicht des Mahayana, nichts Negatives sein. Aber sie wirkt unterschiedlich, je nachdem, ob sie sich gemäß der *shunyata*-Wahrheit als *nirvana* bzw. *maitri-karuna* (Güte und Mitgefühl) äußert oder ob sie als *klesha* das leidvolle Leben (*samsara*) antreibt. Und das ist die Frage echter Praxis.

Im Zen hat man deshalb besonderen Wert darauf gelegt, die Wahrheit der *shunyata*-Leerheit als nicht-dualistische Lebensweisheit im eigenen, konkreten Leben zu verwirklichen und zu praktizieren. Alle Probleme des konkreten Alltags stellen sich für gewöhnlich dualistisch dar. Die beiden eingangs zitierten Zen-Dialoge zeigen eine menschlich-seelische Reife, die daher kommt, daß sich die Meister jahrelang darin übten, eben diese gewöhnliche, dualistische Weltsicht zu überwinden.

Nun ist aber der Tod eine Tatsache, unabhängig davon, wie man ihm begegnet. Aber diese Zen-Meister machten sich keine falschen Vorstellungen, und von daher sehen wir bei ihnen keine Illusionen, keine Ängste und keine Verzweiflung, was den Tod betrifft. Zen ist eine Praxis, die alle Lebensprobleme umfaßt. »Nimm Leben und Tod (bzw. Samsara) als Nirvana! Es gibt nichts, das als Leben und Tod zu vermeiden wäre, und es gibt auch nichts, das als Nirvana zu verlangen wäre.« (Dogen: *Shobogenzo-Shoji* – Leben und Tod.)

Wenn wir den Tod als Vergänglichkeit erfahren, die den Sinn des Lebens absolut aufhebt, so ist das eine vorläufige, aber notwendige und ernsthafte innere Vorbereitung darauf, die Wirklichkeit des Lebens zu sehen. Es ist ein langer Weg, bis wir akzeptieren, daß Leben und Tod und der Nirvana-Friede dasselbe sind. Und dieser Weg endet nicht beim eigenen Seelenfrieden.

In der Theravada-Lehre wird Wert gelegt auf die Entfaltung der Güte (Metta-Sutta). Die Mahayana-Lehre geht noch weiter. Das heißt: In den alten buddhistischen Lehren wird *nirvana* als das höchste und letzte Ziel betrachtet, als restloses Erlöschen und endgültige Befreiung. Die Mahayana-Lehre dagegen spricht vom »Nichtverweilenden Nirvana« (*mujusho-nehan*). »Nichtverweilendes Nirvana« bedeutet: die *prajna*-Weisheit ermöglicht das Verlassen der verwirrenden Welt, gleichzeitig aber bewirkt *maitri-karuna* (Güte und Mitgefühl), nicht im Nirvana-Frieden zu verweilen. Dieses erweiterte Verständnis von Nirvana hat mit dem *bodhisattva*-Ideal zu tun. Das Bodhisattva-Wesen (das Erwachte Wesen) hat den Buddha-Weg praktiziert und ist dadurch reif zur Buddhaschaft, aber es verzichtet auf das Eingehen ins Nirvana, solange noch nicht alle Wesen von diesem kummervollen, leidhaften Leben erlöst sind. Daher kann Nirvana für Mahayana-Bodhisattvas nur das »Nicht-verweilende-Nirvana« sein, während in den alten buddhistischen Schulen das vollkommene Nirvana mit dem konkreten Tod des Leibes gleichgesetzt wurde. Im Mahayana dagegen leben wir so lange in der Samsara-Welt, bis alle Lebewesen gerettet sind. Wir jagen nicht unserer eigenen Vollendung nach, die beim Tod dieses Körpers die letzte Verwirrung dieses Lebens auflösen soll.

»Leben-und-Tod sind das Leben Buddhas« sind Worte Dogen Zenjis. Für »Leben-und-Tod« als für das Leben Buddhas wachzuwerden, das ist die erste und wichtigste Aufgabe auf dem Weg des Übens. Aber die zweite wichtige Aufgabe ist immer schon da – das Aufwachen zum Bodhisattva-Gelöbnis, zur Verwirklichung des »Nicht-verweilenden Nirvana« in der obigen Bedeutung. Es ist sehr bedauerlich, daß es Strömungen gibt, die Zen als egoistische, ichbezogene Jagd nach »Erleuchtung« mißverstehen. Das Zen ist eine Mahayana-Schule, deren Hintergrund und Grundlage die gesamte buddhistische Lehre ist. Und sein Ziel ist es, den Frieden sowohl in der einzelnen Person als auch in dieser ganzen Welt zu verwirklichen. Das aber können nur Menschen, die sich ernsthaft mit dem eigenen Tod und mit dem Sinn ihres eigenen Lebens auseinandergesetzt haben. Das war so in alter Zeit, ist es heute und wird es sicher auch in Zukunft sein.

Unmon Zenji zeigt den Weg, der dahin führt. Auf die Frage: »Der Tod ist gekommen. Wie kann man ihm entgehen?« antwortet er: »Wo gibt es ihn überhaupt?« Aus solch einer friedvollen, inneren Freiheit heraus, der Freiheit von allen Illusionen, können Menschen dann tatsächlich imstande sein, für diese heutige Welt aktiv tätig zu werden. Im Herz-Sutra steht: »Die Bodhisattvas leben aus dieser tiefen Prajna-Weisheit, nichts hemmt ihren Geist, und aus dieser Freiheit sind sie ohne Furcht. Jenseits aller Illusionen haben sie Nirvana vollendet.« Daraus entspringt das erste der vier Bodhisattva-Gelöbnisse: »Der Wesen sind unendlich viele; wir geloben, sie alle zu retten.« Und im Zen wird häufig rezitiert: »Möge diese Gabe das ganze Weltall erfüllen. Mögen wir mit allen fühlenden Wesen gemeinsam den Buddha-Weg vollenden.«

Das ist Zen. Das ist der Geist des Zen. Zen zu praktizieren ist nichts anderes, als diesen Geist zu praktizieren und in sich zu verwirklichen. Wir üben Zazen als Verwirklichung des Aufwachens und als Praxis des Bodhisattva-Gelöbnisses. Wie das »Problem Tod« im Geist des Zen gelöst wird, wie es sich auf dem Bodhisattva-Weg verwandelt, das wird besonders eindringlich klar im »Gelöbnis des großen Meisters Daichi«(siehe Seite 9).

Kyoto – München: Persönliche Anmerkungen

Ist Zen japanisch? - Ein Gespräch

Der japanische Schriftsteller Mitsuo Yamasaki im Gespräch mit Fumon S. Nakagawa (1992)

YAMASAKI: Sie lehren momentan in Deutschland Zen. Wann haben Sie Japan verlassen ?

NAKAGAWA: Im Januar 1979. Aber ich habe nicht gleich mit Lehren angefangen. Ich komme nicht aus einer Tempelfamilie. Ich wollte Mönch werden und aus diesem Grunde ursprünglich nicht heiraten. Doch dann lernte ich in Japan eine Deutsche kennen, meine spätere Frau, und so kam ich nach Deutschland. Anfangs konnte ich kein Wort Deutsch. Das mußte ich erst lernen, um mich einigermaßen verständigen zu können.

YAMASAKI: Es heißt immer, Deutschland und Japan haben einige Gemeinsamkeiten. Zum Beispiel gelten beide Völker als ordentlich und fleißig; während des Zweiten Weltkriegs waren Deutsche und Japaner Verbündete, und nach dem Krieg haben beide einen enormen wirtschaftlichen Aufschwung geschafft und Wohlstand erreicht. Aber historisch war Deutschland jahrhundertelang vom Christentum geprägt. Wie wird japanisches Zen dort aufgenommen? Ist das ein Interesse an etwas Exotischem aus dem Osten, oder entsteht tatsächlich so etwas wie Vertrautheit mit dem Zen?

NAKAGAWA: Tradition, Autorität und Lehre des Christentums sind heute in Deutschland nicht mehr unangefochten, ja, man kann sogar von einer ernsthaften Krise sprechen. Es gibt viele junge Leute, die sich nicht mehr mit dem identifizieren können, was die Geistlichen in den Kirchen predigen. Viele wurden als Kleinkinder evangelisch oder katholisch getauft; das war die Entscheidung ihrer Eltern und nicht ihre eigene Überzeugung. Heute, als Erwachsene, sind sie unzufrieden mit dem, was die Kirchen lehren, und sie üben Kritik daran. Viele von ihnen suchen deshalb eine neue geistige Orientierung und wollen etwas anderes oder Neues ausprobieren. Eines dieser »neuen Dinge« ist auch Zen.

In Deutschland sind viele Frauen berufstätig. Die Familien bestehen meistens nur aus zwei Generationen. Scheidung war früher ein Tabu, heute kann man sich relativ leicht scheiden lassen. Die Hälfte der Kinder in den großen Städten leben nicht mit ihren beiden leiblichen Eltern zusammen. Viele Leute leiden unter Einsamkeit. Sie stellen die alten Normen und die alte Moral in Frage und gleichzeitig suchen sie nach wahrem menschlichen Leben in der heutigen unsicheren Gesellschaft.

Im Rahmen meiner Zen-Seminare führe ich auch persönliche Gespräche mit den Teilnehmenden. Dann höre ich von ihren Problemen und ihrem Leiden. Zazen üben bedeutet wachwerden für die Ursachen des Leidens; diese Übung ist das Licht, mit dem man über das Leiden hinauskommen kann. Es bedeutet auch, sich selbst als einmalig und als Person zu entdecken, die dieses menschliche Leben geschenkt bekommen hat. Nicht nur in Deutschland, sondern in allen materiell hochentwickelten Ländern haben viele Menschen den religiösen Sinn verloren. Das verursacht Leid, weil sie ihr Leben als sinnlos empfinden.

YAMASAKI: Ich habe gehört, Zen-Meditation werde in Deutschland in die esoterische Ecke gestellt, zu Okkultismus, Horoskopen, Pendeln usw. Das hat mich sehr erstaunt.

NAKAGAWA: Im Buddhismus gelten Wahrsagerei, Zauberei und alles, was dazugehört, seit Buddhas Zeiten als nicht vereinbar mit der Klarheit und Rationalität des Dharma. In den letzten Jahren nun treten in Deutschland nicht wenige Leute als sogenannte spirituelle Lehrer und Therapeuten auf und bieten im Umkreis der Esoterik- und Buddhismus-Szene Kurse unter dem Namen »Zen-Meditation« an, was sie selber aber nie authentisch gelernt haben. Manche, die dorthin gehen, greifen nach dem, was ihnen da als »Zen« angeboten wird, wie Ertrinkende nach dem Strohhalm - um vor ihrem eigenen Leben davonzulaufen. Diese Flucht verwechseln sie mit Zen.

YAMASAKI: Da fällt mir ein, daß es in alten Zeiten auch im Shintoismus Wahrsagerei gegeben hat. Man verbrannte zum Beispiel ein Stückchen Schildkrötenpanzer oder zerbrach ein Stück Rehknochen, um daraus Gut und Schlecht vorherzusagen.

NAKAGAWA: Wahrsagerei ist immer ich-bezogen, weil es dabei immer um die Frage geht, was für mich vorteilhaft ist, zum Beispiel Reichtum, Gesundheit usw.; das Nachteilige möchte man lieber nicht hören. Wir buddhistischen Weg-Übenden aber sollten lernen, dieses egozentrische »Ich« und seine Wünsche sehr kritisch unter die Lupe zu nehmen.

YAMASAKI: Im Christentum versucht man gutes Handeln dadurch zu fördern, daß man sagt, Gott oder die Gottesmutter Maria würden die Menschen beobachten. Bei uns gibt es etwas ähnliches, nämlich den Spruch: »Die Verdammnis auf sich laden.« Man erwartet, daß Leute, die etwas Böses getan haben und denen es weiterhin gutgeht, wenigstens nach dem Tod verdammt werden würden. Andernfalls wäre es ungerecht, oder?

NAKAGAWA: Es könnte ungerecht wirken, daß solche Leute Vorteile haben. Aber diese Vorteile sind nur kurzfristig, für den Augenblick. Wenn andere Menschen solche Vorteile auf diese Weise beurteilen, dann sind sie eigentlich neidisch und wünschen sich insgeheim die gleichen Vorteile. Das passiert uns aber allen, solange wir das Bodhisattva-Gelöbnis noch nicht verkörpern können.

YAMASAKI: Aber es gibt doch die Fälle, daß gerade anständige Menschen bestraft oder immer nur ungerecht behandelt werden?

NAKAGAWA: Zum einen braucht das nicht andauern. Zum anderen geht es auch darum, wie sich die Menschen mit erlittenen Ungerechtigkeiten auseinandersetzen. Wenn sich jemand ärgert, weil er sich gedemütigt fühlt, kann das vielleicht auch aus seiner egozentrischen Selbst-Einschätzung herrühren. Man ist vielleicht sehr stolz auf sich, und umso mehr fühlt man sich dann verletzt. So etwas nennt man im Buddha-Dharma »grundlegende Verblendung«, *avidya-maya*. Aus dieser Verblendung heraus verletzt man sich selbst und auch die anderen. Streit entsteht immer, wenn man sich auf der gleichen *avidya*-Ebene befindet. Wer aber aus ganzem Herzen bedauert, daß er den anderen verletzt hat, kann schließlich sein ich-bezogenes Verhalten überwinden und über seine eigenen Fehler nachdenken. Dann kann er auch Kritik von außen annehmen. Damit praktiziert man das »Nicht-Ich«, die Reue (*sange*), und daraus entsteht der Geist der Zuflucht (*kie no kokoro*). Das ist der Anfang des Bodhi-Geistes, des Weg-Geistes (*do-shin*), und von da aus wird man wach zum Geist des Gelöbnisses (*gan-shin*). Aus diesem Gelöbnis-Geist lernt man, von Augenblick zu Augenblick ein wertvolles Leben zu führen.

YAMASAKI: Kann man in dieser Welt, in dieser Gesellschaft tatsächlich mit dieser Einstellung zurechtkommen, zum Beispiel in der Hierarchie einer Firma?

NAKAGAWA: Natürlich ist es besonders schwierig, den Weg Buddhas im Rahmen seines Arbeitsplatzes zu praktizieren. Im Tempel oder Kloster kann man Zazen üben, da ist es viel einfacher, den Alltag nach der Lehre Buddhas zu leben. In dieser gewöhnlichen Welt fügt man sich fast notwendigerweise gegenseitig Leiden zu; das führt zu einer Art Grund-Traurigkeit: wir sind in diese Welt geboren und müssen offenbar so leben. Gerade deshalb aber regt sich so etwas wie Sehnsucht: es muß einen Weg zur Befreiung geben. In unserer Tradition ist es der Weg, sich durch die Zazen-Übung leiten zu lassen. Der Übungsort aber ist mitten in dieser kummervollen Welt. Zazen ist das Wirken der Weisheit; wir lernen dadurch, woher unser Leiden kommt. Die Zazen-Übung ist insofern nichts anderes als das Licht, das uns aufweckt, die Ursache des Leidens zu erkennen und das Leiden schließlich aufzuheben. Das Ziel ist nicht, daß ich alleine zur Erleuchtung komme oder gerettet werde. Ich glaube, wenn wir mitten in dieser modernen Gesellschaft Zazen üben, dann wirkt das als Licht. Dieses Licht leitet uns bei der Lösung unserer persönlichen Probleme, aber auch bei der Lösung globaler Probleme wie der Umweltzerstörung; es eröffnet den Weg für morgen.

YAMASAKI: Ist das nicht alles sehr streng, die Praxis des Zen, das Zen-Leben? Was bedeutet denn dabei wahre Freiheit?

NAKAGAWA: Es gibt eine Geschichte über den chinesischen Zen-Meister Unmon Zenji, der vor etwa 1000 Jahren lebte, in der Tang-Zeit. Am Tag von Buddhas Geburtstag hielt er eine Dharma-Rede. Unmon Zenji erzählte, der Legende gemäß habe der Buddha gleich nach seiner Geburt sieben Schritte getan, mit der rechten Hand nach oben zum Himmel, mit der linken Hand nach unten auf die Erde gezeigt und dabei gesagt: »Über dem Himmel und unter dem Himmel bin ich allein erhaben.« Dazu sagte Unmon: »Wäre ich zu jener Zeit dabei gewesen, hätte ich ein so hochnäsiges Kind mit meinem Stock erschlagen und es den hungernden Hunden hingeworfen.« Dann stieg er vom Podium herunter. Das war seine Art der Hingabe an den Buddha und seine Lobrede.

Zen will mit schädlicher und nutzloser Autorität absolut nichts zu tun haben. Es zielt darauf, alle Formalitäten zu überwinden, die leicht zu inhaltslosem Formalismus werden können. Solche Freiheit will Zen verwirklichen und praktizieren. Bei dem Wort »Freiheit« denken viele automatisch an ihr Eigentum und meinen, Freiheit sei, daß sie damit tun und lassen können, was sie wollen. Das heißt aber nichts weiter, als der Gier des Ich freien Lauf lassen. Würde man zum Beispiel so viel essen, wie es die Gier manchmal fordert, würde man sicher krank. Der Körper hat seine eigene Ordnung. Freiheit heißt, man erkennt und spürt die universale Ordnung und bestimmt demgemäß sein eigenes Leben aus eigener Verantwortung. Dabei ergibt sich kreatives und freies Wirken vom Morgen bis zum Abend. Unsere Dharma-Vorfahren sind uns Vorbild, und wenn wir genauso üben, können wir unser Leben meistern. Daraus entsteht eine wirklich kreative Tradition. Wir erlernen die traditionellen Übungsformen des Gehens, Essens, Redens usw., und daraus finden wir die wahre Freiheit.

YAMASAKI: Gibt es besondere Schwierigkeiten, in Deutschland als Japaner Zen zu vermitteln?

NAKAGAWA: Für mich ist eine nie endende Aufgabe die Beantwortung der Frage: Wie weit soll ich welche Formen genau einhalten? Welche nicht? Aber ich bin überzeugt, daß das Wesen des Zen allgemeingültig ist, die Bedeutung des Zen hat nichts mit Staatsgrenzen und Kulturunterschieden zu tun, weil sie die Tiefe der menschlichen Existenz erfaßt. Es ist für mich unersetzlich und ich bin sehr dankbar dafür, daß meine »Dharma-Entscheidung« gerade Deutschland heißt und ich dort Zazen praktizieren kann. Ich möchte mich bemühen, den Deutschen, die mit mir in Kontakt gekommen sind, weiterhin Zen nahezubringen. Das ist meine Dankbarkeits-übung meinen Lehrern und den zahllosen Menschen in meiner Heimat gegenüber, die mich bis heute gelehrt und unterstützt haben.

YAMASAKI: Ich danke Ihnen herzlich für das Gespräch.

Übersetzung aus dem Japanischen:
Kyoko Mori-Freudenberg

Durch das Auge im Totenschädel

»Zermahlene Knochen, zerstückelter Leib reichen nicht hin zum Dank. Ein einziges Wort, das Klarheit schafft, gilt mehr als Millionen.« (BI YÄN LU, 1. Beispiel)

Dieser Spruch paßt sehr gut zum Erleuchtungstag von Buddha Shakyamuni morgen. Wie kann man Dankbarkeit ausdrücken, wie kann man sie praktizieren? Im selben Beispiel des BI YÄN LU heißt es weiter unten:

»Der Meister Hsüädou blickte sich nach links und rechts in der Versammlung um und sprach: ›Ist etwa der Patriarch (das ist Bodhidharma) noch hier in diesem Raum anwesend?‹ Dann gab er selbst die Antwort: ›Ja, er ist anwesend. Ruft ihn, daß er komme und mir altem Mönch die Füße wasche!‹«

»Ich nehme Zuflucht zum Buddha, ich nehme Zuflucht zum Dharma, ich nehme Zuflucht zur Sangha.« Dank der »Drei Kostbarkeiten« stehe ich heute auf eigenen Füßen. Auf eigenen Füßen stehen bedeutet: jederzeit neu anfangen, für die eigene Übung und für jede Entscheidung selbst verantwortlich sein. Und es bedeutet: sich völlig frei machen von jeder Abhängigkeit von den alten Meistern, auch von Buddha selbst. Es heißt nicht: die große Dankbarkeit dem Buddha gegenüber vergessen. Nein, umgekehrt: aus der Dankbarkeit heraus gehen wir den Weg weiter, den er uns gezeigt hat; aber wir bitten nicht um seine Hilfe. Er hat uns genug geholfen, jetzt müssen wir selber etwas tun. Trotzdem müssen wir erstmal anfangen zu lernen. Dazu paßt eine weitere Stelle aus dem BI YÄN LU, wo es um Meister Rinzai (Lin-dschi) geht.

»Der Vorsitzer Ding fragte Lin-dschi: ›Was ist letzten Endes der ganze Sinn des Buddha-Gesetzes?‹ Lin-dschi trat von seinem Zen-Sitz herunter, packte ihn am Kragen, versetzte ihm eins mit der Handfläche und stieß ihn von sich. Ding stand da, als warte-te er auf etwas. Der Mönch, der neben ihm saß, sagte: ›Vorsitzer Ding, warum macht Ihr nicht Eure Verbeugung und dankt?‹ Ding verbeugte sich und dankte. Und nun, mit einem Mal, begriff er alles.« (32. Beispiel).

Das ist wechselseitige Praxis. Wir müssen uns beim Üben selbst anstrengen. Aber wir sollten so weit kommen, daß wir uns eines Tages für Buddhas Bemühung dankbar zeigen können. Als Prinz Gautama Siddharta hat der Buddha unter Schmerzen und Leiden auf all das verzichtet, was wir alle gern hätten: auf Famili-englück, Reichtum, Herrschaftsnachfolge als König. Er hat es aufgegeben und sechs Jahre lang beschwerlich und asketisch gelebt. Er wollte auf seine eigene Lebensfrage eine Lösung finden, eine Antwort. Von einer tieferen religiösen Sicht her gesehen hat er jedoch weit mehr getan: Er hat uns den Weg zum Aufwachen gezeigt.

Ihr seid nicht zufällig hier, um Zazen zu üben. Jemand hat euch etwas erzählt über Zazen oder die Buddha-Lehre, und jemand hat euch Zazen gezeigt. Irgendwo habt ihr etwas gehört – und jetzt seid ihr da. Rückblickend können wir uns vorstellen: nicht erst gestern oder letztes Jahr – nein, schon vor eurer Geburt wurde Buddhas Zazen praktiziert, irgendwo, von irgendwem, Buddhas Lehre entsprechend. Sonst könnten wir nicht gemein-sam hier und jetzt Zazen als Buddha-Weg üben. Wir praktizieren nicht Zazen, um gut dazustehen, sondern um des Buddha-Dhar-ma willen; wir wollen unsere ich-bezogenen falschen Ansichten überwinden.

Wir nennen diese Übung den Buddha-Weg, weil uns andere Menschen das gesagt haben. Ihr hört es von mir oder von jemand anders, ich habe es vor allem von meinem Lehrer gehört und der wieder von seinem und so weiter. Man kann das immer weiter zurückverfolgen: vor vielen hundert Jahren hat jemand genauso geübt und Schriften, Spuren hinterlassen. So kann man bis auf Buddha zurückgehen. Von dort kommt es zu uns, zu dir. Alle Buddhas und Dharma-Vorfahren haben sich Mühe gegeben, dir diesen Weg zu zeigen. Das ist die religiöse Sicht. Im Christentum wird ähnliches gelehrt, aber es gibt einen wichtigen Unterschied: Bei uns gibt es keinen Gott, auch keinen Sohn Gottes, sondern »nur« einen Menschen, Buddha. Der gab sich große Mühe, lehrte den Weg und starb wie jeder andere Mensch, im hohen Alter.

Im Zen, beim Zazen geht es nicht um harte Askese, sondern, wie in dem Beispiel im BI YÄN LU, »um ein einziges Wort, das Klarheit schafft«. Welches? »Lebe dein Leben vollständig!« Das ist mein Wort hier und jetzt. Und *dein* Wort? Wenn wir für unser eigenes Leben wach werden und nicht immer geschäftig nach außen schauen, dann entdecken wir sofort, was wir tun müssen. Zazen-Übung, Dogen-Zenji, Buddha Shakyamuni, Erleuchtungstag – alle diese Wörter können wir einfach wegwerfen. Wirklich wichtig ist nur eins: für das eigene Leben wach werden, und das heißt, es ganz leben. Darum geht es im Zen, in der Buddha-Lehre, hier in diesem Sesshin, wo wir alle gemeinsam üben. Du – jeder und jede von euch – du bist das Ende des Ganzen *und* du bist der Anfang des Ganzen.

Es gibt ein Zen-Wort: »Das Auge im Totenschädel.« Mir selbst ist es beim Zazen oft so ergangen, daß ich mich durch das Auge des Todes, von meinem eigenen Tod her selbst verstanden habe. Dieses »Auge des Todes« kann immer helfen. Die Übung des Zazen ist: Das Leben durch und durch klar verstehen, ohne Verwirrung, ohne Vorurteile. Ist das bei dir anders? Ja? Warum gibst du dir dann so große Mühe? Dann solltest du lieber im Garten arbeiten, Kaffee trinken oder sonstwie Spaß machen. Allerdings könnten wir in diesem Fall Gefangene unserer eigenen Verwirrungen und Vorurteile bleiben.

»Das Auge im Totenschädel« auf dem Kissen erleben – das ist zwar in der modernen Gesellschaft eine ziemlich ungewöhnliche

Vorstellung, aber der Tod ist ein guter Maßstab, um unser Leben zu verstehen. Mir ist das vor ein paar Wochen beim Tod eines Freundes wieder klar geworden. Es bedeutet: heute ist die letzte Gelegenheit. Warum? Weil wir ausschließlich jetzt leben. Wir leben nicht im nächsten Augenblick. Wir leben einmal. In diesem Leben müssen wir uns selbst wirklich begegnen. Deswegen haben wir Sehnsucht nach dem Sitzen, Sehnsucht nach einer Praxis, die nur aus dem Jetzt gemacht ist. Einmal den Tod erleben, das heißt: jetzt mit dem eigenen Leben klarkommen.

Der Freund, von dem ich gesprochen habe, ist neulich mit 55 Jahren gestorben. Er lebte in einem kleinen Haus mit zwei anderen Leuten, einem Paar. Er war schwer krank, hatte Lungenkrebs; da hat er mich angerufen und wollte mich dringend noch einmal sehen. Geistig war er völlig klar, obwohl er manchmal starke Medikamente nahm; sprechen konnte er nicht mehr sehr gut. Vor drei Wochen habe ich ihn besucht, da konnte er noch zweieinhalb Stunden am Tisch sitzen und mit mir reden. Zwischendurch mußte er aber dreimal zur Sauerstoffflasche gehen.

Bei meinem ersten Besuch hätte ich nicht gedacht, daß das Ende so schnell kommen würde. Eine Woche später konnte er schon nicht mehr auf dem Stuhl sitzen; da lag er im Bett. Er freute sich sehr über meinen Besuch. Ich habe seine Hände in meine Hände genommen, und er strahlte übers ganze Gesicht. Beim ersten Besuch hatte ich grünen Blättertee bereitet und dann beim dritten grünen Pulvertee. »Eigentlich mag ich diesen Tee gerne«, hat er gesagt. Er wurde sehr ruhig bei meinen Besuchen.

Vor seinem Tod wollte er unbedingt noch mit mir reden. Aber was? Seine Mitbewohner waren sehr neugierig und haben mich nachher danach gefragt. Ich habe geantwortet: Wir haben gar nichts Besonderes gesprochen. Für ihn ging es nicht um den Inhalt der Gespräche, es war nur wichtig, daß ich da war. Es ging um gar nichts Besonderes, das sage ich auch zu euch. Aber: Er lag tatsächlich im Sterben! In dieser Situation konnte er mit großen Augen zuhören, was ich sagte: Immer mit aufrichtigem Geist. Es ist egal, wohin wir nach dem Tod kommen, wir sitzen aus ganzem Herzen aufrichtig da. Wenn wir irgendwohin kommen, dann passiert es sowieso, wenn nicht, ist es auch in Ordnung.

Wir sind klar entschlossen, wir sind aufrichtig und ehrlich mit uns selbst auf dem Weg, auf dem Weg des Lebens und auf dem Weg des Sterbens. Wir fragen nicht nach Leben und Sterben, sondern danach, wie wir dazu stehen. Wir sagen: *Buddham saranam gacchami* – ich nehme Zuflucht zum Buddha – und setzen uns aufrecht hin, ob hier, ob in der Hölle oder im Paradies, völlig egal. Das ist alles.

Das habe ich zu ihm gesagt, also das gleiche wie auch zu euch schon oft. Er war sehr intelligent. Er hatte sich nicht nur lange ganz selbständig mit Zen beschäftigt, sondern auch mit anderen Religionen, vor allem mit dem tibetischen Buddhismus und dem Judentum. Aber auf dem Totenbett wollte er nochmal hören, was ich zu sagen hatte. Anscheinend hat ihn meine Wiederholung beruhigt, meine innere Entschlossenheit wohl auch. Das war alles.

Er hatte mir auch früher zugehört, aber anders. Er war ein starker Raucher gewesen, hatte alle zwei Tage eine große Dose Tabak geraucht. Damals hatte er immer tausend Begründungen, warum er nicht mit dem Rauchen aufhören konnte. Vor ein paar Jahren erfuhr er seine Diagnose: Lungenkrebs. Damals sagte er zu mir: »Auf der Stelle war das Rauchbedürfnis verschwunden.« Das war kein Selbstzwang, er hatte nur plötzlich keine Lust mehr. Aber es war zu spät. Das ist die Existenz-Ebene. Uns auf dieser Ebene über uns selbst klar werden: das ist Zazen-Praxis.

Er hatte eine kleine Schwäche: er wollte immer zeigen, daß er besser ist. Ich hatte es ihm früher schon gesagt. Natürlich bin ich selber immer ein Übender gewesen, ich möchte die Geschichte nur zum Nachdenken wiederholen. Es ist gar nicht kompliziert. Im letzten Augenblick merkte er, daß das Leben schon vorbei ist, daß zu wenig Zeit war. Er bat mich, für ihn die Zeremonie auf dem Friedhof zu machen. Der Grund: er konnte nicht mehr weiterüben. Auf dem Totenbett sah er, was wichtig ist im Leben.

Im Gegensatz zu ihm seid ihr jetzt auf dem Kissen. Wollt ihr warten, bis ihr so schwerkrank werdet wie er? Nein. Nicht bloß mit dem Kopf nachdenken! Denkt mit brennendem Herzen, mit dem ganzen Körper nach – das ist Zazen. Ihr sollt große Klage führen beim Sterben, wenn ihr es in diesem Leben nicht geschafft habt, eigene Worte herauszubringen, euer eigenes Leben klar auszudrücken!

Ich besuchte ihn, wie gesagt, dreimal kurz vor seinem Tod. Wir hatten noch einen vierten Besuch vereinbart. Am Abend vor diesem vereinbarten Termin erledigte ich noch etwas am Schreibtisch. Es wurde spät, plötzlich war es schon ein Uhr. Ich war erstaunt und ging sofort ins Bett. Gerade vor dem Einschlafen spürte ich jenes Ungewöhnliche in mir. Ich machte *gassho* und konzentrierte mich auf ihn. Es war ungefähr halb zwei.

Am nächsten Morgen mußte ich früh in die Stadt. Als ich zurückkam, erfuhr ich, daß mein Freund gestorben war, und zwar ungefähr um diese Zeit in der gestrigen Nacht, in der ich dieses ungewöhnliche Gefühl gespürt und mich dann auf ihn konzentriert hatte.

Sein Mitbewohner und Freund erzählte mir, er sei bis ein Uhr bei dem Sterbenden gewesen. Um diese Zeit habe dieser gesagt: »Ich möchte alleine sterben. Bitte laß mich allein.« Am nächsten Morgen sah die Freundin des Mitbewohners ungewöhnlich viele Raben im Garten. Da spürte sie, daß mein Freund in jener Nacht gestorben war.

Als ich hinkam, herrschte an seinem Totenbett eine ruhige, friedliche Atmosphäre. Der ganze Raum war völlig anders. Wie einige Tage zuvor saß ich ganz nahe am Bett auf dem Stuhl. Ich hielt seine Hande, die natürlich schon kalt waren. Dann berührte ich seine Stirn und sagte auf japanisch zu ihm: »*Taihen dattana – gokurosama.*« Eigentlich kann man das nicht korrekt übersetzen, es drückt viele Gefühle in einem einzigen Ausdruck aus. Es bedeutet ungefähr: »Du hast dir im Leben große Mühe gegeben, dein Leben war mühsam. Ich danke dir für deine Bemühung.«

Nachdem ich das gesagt hatte, hatte ich das Gefühl, als habe er den Oberkörper nochmal gestreckt und mir leise zugelächelt.

Ich blieb noch längere Zeit bei ihm. Das ist mit dem »Auge im Totenschädel« gemeint: Ich sehe die Welt durch seine Augen, mich selbst und mein Leben mit all seinen Problemen, unerfüllten Aufgaben und unvermeidlichen Sorgen. Ähnliches erfahre ich auf dem Kissen, wenn das Sitzen sehr anstrengend ist. Aber hier bei seinem Tod erfuhr ich diesen Inhalt des Zazen ganz unmittelbar: Man kann noch keinen Totenkopf sehen, aber das Auge des gerade Verstorbenen ist völlig klar, ohne Verwirrung, ohne falsche Vorstellungen, wie wir sie sonst meistens haben. Als er noch lebte war er auch so: Immer alles nach dem eigenen Maßstab beurteilen, Dinge und Menschen. Jetzt, auf dem Totenbett, ist das alles vorbei. Wahrscheinlich konnte er mich mit diesem Auge besser verstehen als ich mich selbst. Das »Zwiegespräch« mit ihm in dieser Atmosphäre der Stille dauerte noch lange. Für mich war diese Zeit sehr kostbar.

Sein Tod hat uns alle viel gelehrt, nicht nur mich. Oder anders: Er hat uns nach seinem Tod noch viel gelehrt. Als Toter – ohne seine menschlichen Schwächen und Probleme – lehrte er uns, was das Leben ist. Genau darum geht es im siebten Beispiel des BI YÄN LU: »Du bist Hui-tschau.«

Der Weg dahin ist weit und mühsam, weil wir diese Klarheit gar nicht immer wollen; wir retten lieber unsere Vorurteile und Vorlieben aus der Vergangenheit in die Gegenwart. Er hat mich etwas ganz Wichtiges gelehrt. Darüber hinaus ist er genau im »richtigen Augenblick« gestorben: vorher und nachher hatte ich andauernd wichtige Termine außerhalb von München, und so konnte ich genau an einem terminfreien Tag für ihn die Begräbniszeremonie abhalten. Zu einem anderen Zeitpunkt hätte ich vereinbarte Reisen absagen müssen – es war, als hätte er den Zeitpunkt genau geplant.

In der Theravada-Schule gilt kein Meister vor dem Tod als vollkommen. Ich glaube, der Grund dafür ist, daß ein Lebender nie völlig frei ist von inneren Belastungen. Wir sehen das anders: wir fragen gar nicht nach Vollkommenheiten, nach vollkommener Befreiung, wir fragen einfach nicht. Wir bemühen uns um den Weg. Dann ist es eine Tatsache: In der Welt des Zazen könnt ihr euer Leben »aus dem Auge eures eigenen Totenschädels klar sehen«. Nur mit unseren tausend Ausreden machen wir es uns immer schwerer als es ist.

Es ist ein Glück, wenn wir eine solche Zeit der Stille mit einer gerade verstorbenen, vertrauten Person verbringen dürfen, uns mit ihren Augen sehen können. Eine solche Situation können wir uns natürlich nicht herbeiwünschen. Aber wir können Zazen üben und auf dem Kissen das Auge im *eigenen* Totenschädel erfahren. Solange wir leben, haben wir ständig Gedanken und Gefühle. Im Sitzen sollen wir darüber hinauskommen. Das bedeutet nichts weiter als: so sein, wie wir gerade sind. Zazen-Übung heißt, daß wir auftauchende Gedanken nicht unterdrücken und sie auch nicht in »gute« und »schlechte« einteilen. Wenn du dir vornimmst: »Ich lasse keine schlechten Gedanken aufkommen« – dann ist das von deinem Urteil aus gedacht, von deiner Überzeugung.

Der Tote macht nichts mehr. Daraus erwächst Klarheit auch für uns – genauso soll unser Zazen sein. Zazen ist das Licht, das uns auf dem Lebensweg führt. Das ist die Praxis des Gelöbnisses: richtig auf dem Weg gehen, mit Ängsten, Sorge, Freude und Trauer, ständig bereit sein zum lebendigen Lernen. Wachwerden, »Erleuchtung«, heißt nichts anderes. Klarheit über uns selber heißt: wir werden mit offenem Herzen Anfänger im Leben. Was heißt das? Frei werden von festen Überzeugungen und die Augen weit aufmachen! Ich wünsche mir, daß wir auf diesem Weg zusammen gehen können.

Sakai Roshi – ein großer Dharma-Lehrer

Letztes Jahr ist mein Meister Sakai Tokugen Roshi gestorben. Er wurde 84 Jahre alt. Wenn man die Dharma-Linie von Buddha Shakyamuni über Bodhidharma bis Dogen zieht, dann war Tendo Nyojo der fünfzigste Dharmavorfahre, Dogen Zenji war der 51. und Sakai Roshi der 76. Dann geht die Linie zu mir, ich gehöre dann zur »Generation« Nummer 77 in der chinesisch-japanischen Soto-Dharma-Linie. Immer wenn ich mir das vor Augen halte, diese Dharma-Linie von Shakyamuni Buddha bis hin zu meinem eigenen Leben, spüre ich eine tiefe Verpflichtung, die Dharma-Verpflichtung. Mit irgendeiner Art von Bestätigung freilich hat das nichts zu tun. Ich kann mir daraus keine Autorität ableiten, mit der ich der Welt gegenübertreten dürfte. Der heutige Stand der buddhologischen Forschung erlaubt es ohnehin nicht mehr, solche Dharma-Linien als historische Tatsachen zu nehmen. Dies sollte heute auch im Westen ganz klar sein. Hier gibt es nämlich immer wieder Tendenzen, den eigenen Wert mit Hilfe solcher Dharma-Linien zu erhöhen, sich damit nach außen hin wirksam zu dekorieren. Den Buddha-Weg ernstnehmen kann aber nur heißen, sich um das eigene, um unser aller gemeinsames Leben hier und heute zu kümmern, und nicht, sich mit irgendwelchen geistigen Federn zu schmücken. So ist die Dharma-Linie eben nichts weiter als die dringende Aufforderung, diesen Weg ernsthaft zu gehen.

Sakai Roshi war ein großer Meister. Aber wenn man über ihn sprechen will, muß man zuerst etwas über seinen eigenen Lehrer sagen. Das war Sawaki Kodo Roshi. Es gibt heute in der Soto-Schule eine neue Bewegung, die großes Gewicht auf die Zazen-

Übung und Dogen Zenjis Lehre legt. Das verdanken wir vor allem Sawaki Roshi. Als Professor an der Komazawa-Universität der Soto-Schule in Tokio setzte er sich dafür ein, Dogens Lehre wieder neu zu lesen und zu interpretieren. Gleichzeitig ging er ernsthaft den Weg, den Dogen und Buddha beschrieben hatten. Sawaki Roshis Persönlichkeit war sehr beeindruckend, und er hatte eine große Schülerschaft. Aus dieser Gruppe wirkten in Japan vor allem drei große Persönlichkeiten, nämlich Sakai Tokugen Roshi, Kawase Genko Roshi und Uchiyama Kosho Roshi.

Uchiyama Roshi war Sawaki Roshis Nachfolger als Abt des Klosters Antaiji bei Kyoto. Sawaki Roshi war zeitlebens in ganz Japan unterwegs gewesen, um Vorträge zu halten und Sesshin zu leiten. Aber in seinen letzten Lebensjahren war er der große Abt des Antai-Klosters; er hatte dieses Antaiji als Praxis-Kloster reformiert. Dort begann er mit einer Tradition: fünftägige Sesshin in tiefem Schweigen, ursprünglich sechzehn, dann vierzehn Perioden Zazen pro Tag, jede Periode fünfzig Minuten. Diese Tradition führte Uchiyama Roshi im Antaiji fort. Es gibt sie heute noch, und einige meiner Kollegen aus dem Kreis Sawaki Roshis führen sie auch in den USA weiter. Uchiyama selbst ist der einzige der drei, der noch lebt, als Meister wirkt und Bücher schreibt.

Die zweite war Kawase Genko Roshi, wir sagen einfach Anju-Sama. Diese von vielen hochverehrte Nonne übte sehr streng bei Sawaki Roshi, als sie jünger war. Später zog sie sich in Nagoga aus der Stadtmitte in einen kleinen Tempel am Stadtrand zurück, Myogenji. Dort bildete sie Schülerinnen aus, auch solche von Sawaki Roshi. Auch im Myogenji leitete Sawaki Roshi viele Sesshin, vor allem Wochenend-Sesshin. Aber sie waren anders als im Antaiji, offener. Natürlich hat man viel Zazen geübt, aber außerdem hielt er Vorträge, es gab *samu* (Arbeit) und sogar Teegespräche. Kawase Roshi, Anju-Sama, war außerordentlich natürlich. Sie hatte auf sehr viele Menschen einen positiven Einfluß. Dabei wirkte sie einfach durch ihre Existenz, ihre Dharma-Liebe und ihr Mitgefühl. Ich selbst bin zutiefst dankbar, daß ich Anju-

Sama in diesem Leben begegnen konnte. Das ist ein wirkliches Geschenk. Ihr Mitgefühl war völlig klar und weise, es hatte nichts mit blinder Liebe zu tun. Über Kawase Roshi, Anju-Sama, habe ich schon bei einer anderen Gelegenheit gesprochen (siehe Kapitel *Zuflucht*).

Sawaki Roshi reiste viel in ganz Japan herum. Aber in den beiden Klöstern Antaiji und Myogenji fühlte er sich zu Hause, obwohl er sich dort auch nicht ausruhte, sondern immer Sesshin leitete. Nach Kodo Sawakis Tod blieb dann die Hälfte seiner Asche im Myogenji, die andere kam nach Antaiji.

Sakai Tokugen Roshi, mein Meister, war der dritte. Sakai Roshi wurde in den beiden Hauptklöstern der Soto-Schule ausgebildet. Das sind Sojiji und Eiheiji. Außerdem machte er noch eine Koan-Ausbildung in einem der strengsten Rinzai-Zen-Klöster. Im Frühjahr 1939 begegnete er Sawaki Roshi. Er half ihm dann bei den Sesshin im Daichuji und Daijoji, später auch bei allen Gast-Sesshin sonst in Japan. Jahrelang war Sakai erster Assistent bei den Sawaki-Sesshin. Dabei trat er immer als Schüler Sawaki Roshis auf, obwohl er selber schon meisterhaft war.

Nach Sawaki Kodos Tod übernahm Sakai Roshi dessen Verpflichtungen für Sesshin und Vorträge in ganz Japan. Außerdem gab er fast alle Schriften heraus, die es jetzt in Japan von Sawaki Kodo Roshi gibt. Sawaki hatte nämlich selbst gar kein Buch geschrieben. Es gab nur Tonband-Aufnahmen von seinen Vorträgen und einige handschriftliche Aufzeichnungen. Alle diese Texte hat Sakai Roshi jahrelang bearbeitet und herausgegeben.

Sakai Tokugen wurde dann ebenfalls Professor an der Komazawa-Universität und führte dort die wissenschaftliche, buddhologische Arbeit von Sawaki Roshi weiter. Als Professor war Sakai Roshi ein berühmter Spezialist für Dogen Zenjis *Shobogenzo*, aber er war eben auch ein großer praktischer Zen-Meister. Wegen seiner intensiven Arbeit an Sawaki Roshis Schriften hat Sakai Roshi selbst nicht sehr viel geschrieben. Aber die Dharma-Artikel, die es von ihm gibt, sind ganz hervorragend. Vor allem, wenn man sie mit Artikeln von Gelehrten vergleicht, die ohne Dharma-Praxis immer nur die Schriften studiert haben, bemerkt man ihre ganz andere Qualität. Insofern ist sein Tod für die ganze Soto-Schule ein großer Verlust, aber auch für die gesamte buddhistische Welt in Japan.

Früher gab es in der Zen-Tradition immer wieder Persönlichkeiten wie Sawaki Roshi oder Sakai Roshi, die beides vollendet hatten: Dharma-Studium und Dharma-Praxis. Aber für jedes dieser beiden braucht man viele, viele Jahre, für die Zazen-Übung sowieso, aber auch für das Studium. Man muß umfassend die indische und chinesische buddhistische Literatur studieren, und anschließend die Grundlagentexte der Soto-Schule, besonders Dogens *Shobogenzo*. Eigentlich braucht man ein ganzes Leben, und vielleicht genügt das gar nicht. Heute gibt es jedenfalls kaum mehr Zen-Meister, deren Ausbildung derart umfassend ist. Wie sein Dharma-Vorgänger Sawaki Roshi hatte Sakai Roshi noch beides, Studium und Praxis; aber damit verkörperte er eigentlich auch das Ende der alten Zen-Zeit.

Als praktischer Zen-Meister war Sakai Roshi genauso streng wie Sawaki Roshi. Als ich ihm begegnete, war er noch nicht 60 Jahre alt. Damals strahlte seine Kraft noch auf die ganze Umgebung aus, auch auf der Straße und im Zug. Erst ab dem siebzigsten Lebensjahr wurde er langsam milder. Da stach dann weniger seine Dharma-Scharfsinnigkeit hervor als sein Mitgefühl. Gesprochen und mit Worten kritisiert hat er allerdings bis zum Schluß ganz klar. Er traf sofort das Wesentliche einer Person, einer Geschichte, einer Sache. Diese Offenheit machte ihm das Leben allerdings nicht gerade leicht.

Ich selbst bin Sakai Roshi begegnet, als ich achtzehn war. Das war kurz nach dem Tod von Sawaki Kodo Roshi. Als ich 16, 17 Jahre alt war und noch zur Schule ging, gab es in der Sonntagsausgabe unserer Tageszeitung in Kyoto eine Kulturseite. Auf dieser Seite standen immer »Dharma-Worte eines Wandermönchs«. Der Wandermönch war Sawaki Kodo Roshi. Zu den »Worten des Wandermönchs« gab es kurze Kommentare von Uchiyama Kosho Roshi. Ich las diese Texte mit großer Freude, manchmal mit Lachen, manchmal mit Tränen.

Um diese Zeit hielt sich Sawaki Roshi meistens im Kloster Antaiji auf. Das Antaiji liegt nicht weit weg von Kyoto, mit dem Fahrrad hätte ich es in einer Stunde erreichen können. Aber so weit kam es nie. Eines Tages sprang mir sein Name ins Gesicht – in einem Sonderheft einer buddhistischen Monatszeitschrift. Es war Sawaki Kodo Roshi gewidmet, der gerade gestorben war. Ich war damals 18.

Etwas später bin ich dann Sakai Roshi in Tokio begegnet, aber nur von weitem. Ein Professor nahm mich mit, und ich habe einen Zazen-Abend mitgemacht. Ich habe zwar kaum etwas verstanden, aber das Ganze hat mich tief beeindruckt, die Atmosphäre des Raumes und wie die Leute dort Zazen übten. Einmal traf ein Wort von Sakai Roshi tief in meine Seele. Seit diesem Tag ging ich immer wieder zu den Zazen-Abenden in Tokio.

Eines Tages wurde mir die tiefe Traurigkeit des Lebens in dieser Welt bewußt. Da wurde mir klar: Mein Lebensweg ist der Mönchsweg. Ich wußte damals nicht viel über die Schriften des Buddhismus oder der Soto-Schule. Nur Dogen Zenjis Unterweisungen *Shobogenzo Zuimonki* hatte ich in der S-Bahn gelesen, und es hatte mich tief erschüttert. Als ich diese lebendigen, persönlichen Dharma-Worte Dogens las, da war ich plötzlich nicht mehr in der S-Bahn. Das war eine völlig andere Dimension, so als ob ich Dogen persönlich zugehört hätte. Das war es, das Erlebnis tiefer Traurigkeit, das Erlebnis der Vergänglichkeit dieser Welt.

Später ging ich zu Sakai Roshi. Ich sagte ihm, wie ich das Leben sah: Wegen dieser tiefen Traurigkeit sollten wir einander helfen, uns umarmen und mitfühlend sein. Diese Welt ist so vergänglich, deshalb ist es wichtig, daß wir liebevoll miteinander umgehen und uns klar werden, wann wir andere aus Blindheit und Unachtsamkeit verletzen. Und uns selbst auch. Wir müssen immer klarer und wachsamer werden. Darum wollte ich mich bemühen, in mir selber wollte ich Mitgefühl entwickeln. Ich fragte ihn: Ist das der Mönchsweg? Wenn es so ist, dann bitte ich um Ordination. Sakai Roshi war berührt von diesen Worten und zeigte sein Mitgefühl. Er war immer voller Mitgefühl, das war sein Wesen. Trotzdem war ziemlich hart, was ich nach der Mönchsordination bei ihm als meinem Meister erlebte.

Im ersten Jahr nach der Mönchsordination studierte ich weiter, aber ich trug schon das Mönchsgewand. Ich war 22 und wohnte mit einem älteren Mönchsbruder zusammen. Der übte den ganzen Tag Zazen, die ganze Woche, den ganzen Monat. Ich hatte wenig Ahnung, keinen Überblick über den riesigen Umfang der buddhistischen Schriften – bis dahin hatte ich westliche Philosophie studiert. Dazu mußte ich viele Mönchs-Regeln und Rezitationstexte lernen und so weiter. Aber etwas wollte ich nie versäumen: an drei Abenden in der Woche gab es Zazen-Kai mit Sakai Roshi, Zazen-Übung und einen Vortrag. Und einmal im Monat leitete er ein Wochenend-Sesshin in Nagoya. Tokio-Nagoya sind ungefähr 350 km. Wir nahmen immer den Nachtbus, weil es billiger war. Morgens kamen wir in Nagoya an, da begann schon Zazen. Zurück nach Tokio das gleiche. Auch wenn er woanders ein Sesshin hielt, fuhren wir mit dem Nachtbus hin.

Ich hatte es sehr eilig. Ich hatte das Gefühl, alle anderen wüßten viel mehr als ich. Deshalb habe ich mich sehr, sehr angestrengt. Morgens um vier ging es los mit zweimal Zazen und Rezitation in der Buddha-Halle, dort auch das Frühstück als Eß-Übung und anschließend Gartenarbeit. Dann war ich in der Universität, als ganz normaler Student, und abends Sakai Roshis Veranstaltungen. Wenn ich um elf Uhr zurückkam, sagte mein Mitbruder, jetzt kannst du noch studieren. Um vier Uhr früh ging es dann weiter.

Diese Anstrengung hielt ich ein halbes Jahr durch, dann war ich am Ende meiner Kraft. Damals war Sakai Roshi zuständig für die jungen Mönche, die an der Universität studierten und dort im Internat lebten. Ich hatte meine Eltern verlassen und mich auf den Dharma-Weg begeben. Sakai Roshi war allgemein zuständig, aber er war auch mein persönlicher Meister. Er war für mich so etwas wie ein »Dharma-Vater«, in der Nachfolge von Buddha, Bodhidharma und Dogen Zenji. Jetzt stand ich vor ihm und wollte Hilfe, Unterstützung. Ich habe ihm erklärt: So komme ich nicht weiter. Was soll ich tun? Aber er antwortete bloß: Um den Buddha-Weg wirklich zu üben, braucht man beides – Dharma-Studium und Dharma-Praxis, Zazen. Hast du noch Fragen?

Das war ein Schock. Ich war tief enttäuscht. Aber ich begriff: Es nutzt überhaupt nichts, um etwas zu bitten. Das war das erste Mal in meinem Leben, daß mir so etwas passierte. Meine Eltern hatten mich immer und überall unterstützt, nicht nur mit Geld, auch geistig. Wenn ich über etwas klagte, haben sie mir immer etwas gegeben. Aber diesmal, von Sakai Roshi, bekam ich nichts. Zum allerersten Mal. Er sagte nur: Hast du noch Fragen? – und verschwand.

Meine Enttäuschung war groß und meine Hilflosigkeit auch. Aber Schritt für Schritt lernte ich: ich habe meinen Weg selbst gewählt und ich muß aus eigener Kraft darauf gehen. Ich bin allein dafür verantwortlich. Wenn ich erschöpft bin und Schwierigkeiten habe, ist es meine Sache, und wenn ich daran sterbe, ist es auch in Ordnung. Das habe ich tief verstanden und mich nicht mehr beklagt.

Sehr viel später übte ich hier in Deutschland oft sehr streng Zazen. Da spürte ich eines Tages tief im Herzen die Dharma-Liebe meines Meisters für mich. Heute bin ich sicher: Nachdem er mich damals alleingelassen hatte, ging er in seine Zelle zurück und weinte aus Mitleid mit mir. Als mir das klar wurde, mußte ich selbst aus Dankbarkeit für seine Liebe weinen. Warum? Weil ich nur mit dieser Hilfe einigermaßen selbständig geworden bin. Ohne diese harte Behandlung hätte ich immer wieder über irgendwelche äußeren Bedingungen geklagt. Sakai Roshi aber schlug ein einziges Mal zu.

Er wünschte sich, daß ich nach der Klosterausbildung in Eiheiji an die Komazawa-Universität zurückkomme, wo er als Professor tätig war. Das tat ich nicht. Nach Deutschland gehen bedeutete für mich deshalb auch: selbständig werden, nicht mehr abhängig von meinem Meister, auch wenn er großartig ist. Es war mir klar: Ich muß meinen eigenen Weg gehen; wenn ich jemandem etwas Gutes tun will, muß ich es auf meine eigene Weise tun.

Als ich nach Deutschland ging, machten sich meine Dharma-Kollegen große Sorgen, und Sakai Roshi sorgte sich besonders. Immerhin kam ich ohne Einladung, es gab keinen Tempel, keinen Kollegenkreis, einfach gar nichts. Im zweiten Jahr meines Deutschland-Aufenthalts kam ich in Kontakt mit einem Seminar-Haus, in dem ich Sesshin leiten konnte. Diese Situation veränderte unsere Meister-Schüler-Beziehung. Sakai Roshi respektierte mich, und immer, wenn ich nach Japan kam, war er wie ein liebevoller Vater zu mir.

Inzwischen war er in Japan als Dogen-Spezialist immer berühmter geworden. Das Hauptkloster Eiheiji lud ihn ein, einen Monat lang täglich einen Dharmavortrag über das *Shobogenzo* zu halten. Das ist die größte Ehre für einen Professor. Später wurde er gebeten, im zweitwichtigsten Soto-Kloster, im Hokyoji, die Position des *seido* einzunehmen, das ist der »Ehrenmeister«. Auch das nahm er an, er bildete dort Mönche aus und hielt Dharmavorträge und Lektürekurse über das *Shobogenzo*.

Wenn ich heute zurückdenke, sehe ich drei Phasen in seinem Leben: die erste war seine eigene Mönchs-Ausbildung und sein eigenes Studium; die zweite war seine Zeit bei und mit Sawaki Kodo Roshi; und die dritte war sein eigenes Wirken, zuerst als einer von Sawaki Roshis wichtigsten Nachfolgern und dann als von ihm unabhängiger großer Meister. Er vereinte Praxis und Studium, und besonders im Alter zeigte er große Bescheidenheit und viel Liebe für Leute, die sich um den Weg bemühten.

Im Alter von 80 Jahren machte Sakai Roshi seine erste Auslandsreise. Er fuhr nach Indien, begab sich auf die Spuren Buddhas. Meine Dharma-Kollegen, die ihn begleitet hatten, erzählten: Er war der Gesündeste in der ganzen Gruppe und hielt sogar Dharma-

Vorträge. Das kann man so verstehen: seine innere Freude über diese Reise war so groß, daß auch seine körperliche Kondition stabil blieb. Nach der Indienreise fuhr er noch dreimal nach China, diesmal auf den Spuren der alten Zen-Meister. Bei seiner ersten Chinareise durfte ich teilnehmen. Auch diesmal war seine Freude sichtbar. Ich war tief dankbar, daß ich mit meinem Meister und meinen Kollegen nach China fahren konnte, daß wir dort sogar das Tendo-zan-Kloster besuchen konnten, jenes Kloster, in dem Dogen seinen Lehrer Nyojo-Zenji getroffen hatte. Es war klar, daß das meine einzige Gelegenheit zu einer solchen Reise sein würde.

Heute sind wir alle Sakai Roshi sehr dankbar wegen seiner Mühe und seiner Liebe zum Dharma und zu uns. Sein Vermächtnis an uns ist: Bescheidenheit, Klarheit, keine Kompromisse mit falschen Ansichten. Er erkannte messerscharf, wenn jemand unbedingt gelobt oder berühmt werden wollte oder besser sein wollte als die anderen, und dagegen war er kompromißlos streng. Das ist die typische Haltung der traditionellen Zen-Meister. Auch deswegen kann man sagen, daß Sakai-Roshi einer der letzten großen Meister der Soto-Schule war.

Wenn ich an Sawaki Roshi und an Sakai Roshi denke, muß ich einsehen, daß ich wirklich mangelhaft bin. Trotzdem bin ich beiden sehr dankbar. Aus dieser Dankbarkeit heraus möchte ich tun, was ich für das Dharma tun kann. Das ist nicht einfach mein Wunsch, sondern meine Aufgabe, die sich aus dem großen Dharma-Gelöbnis heraus ergibt. Wir sind allen Dharma-Vorfahren aus Indien, China und Japan verpflichtet, nur ist uns das oft nicht bewußt. Ich spüre in mir eine tiefe Dankbarkeit und Verpflichtung. Sie drückt sich aus in der Form des »Gelöbnisses des Großen Meisters Daichi«. Sawaki Roshi hat immer diesen Text rezitiert, und Sakai Roshi hat das weitergeführt.

Wie meine Dharma-Kollegen habe auch ich dieses Gelöbnis übernommen. Ich bin sehr dankbar, daß ich Sakai Roshi und auch Kawase Roshi begegnet bin und daß diese beiden mich unterwiesen haben.

maha-prajna-paramita-hrdaya-sutra

Maka Hannya Haramitta Shin Gyo

Herz-Sutra

Der Bodhisattva Avalokiteshvara
hatte sich in die Übung der tiefen *prajna*-Weisheit versenkt
und erkannte, daß alle fünf *skandhas* Leerheit sind.
So gelangte er über alles Leiden hinaus.

Höre, Shariputra!
Form ist Leerheit, Leerheit ist Form.
Form unterscheidet sich nicht von Leerheit,
Leerheit unterscheidet sich nicht von Form.
Was daher Form ist, das ist Leerheit,
was Leerheit ist, das ist Form.
Das gilt für alle fünf *skandhas* gleichermaßen:
für Körper, Empfindung, Wahrnehmung, Willensimpulse und
für Bewußtsein.

Höre, Shariputra! Alle Dinge dieser Welt
erscheinen als Form und als Substanz.
Das ist nichts anderes als ihre Leerheit:
Sie entstehen nicht und vergehen nicht.
Sie sind weder rein noch unrein.
Sie nehmen nicht zu und nehmen nicht ab.

In der Leerheit gibt es also keinen Körper, keine Empfindung,
keine Wahrnehmung, keinen Willensimpuls und kein Bewußt-
sein.
Es gibt weder Auge, Ohr, Nase, Zunge, Körper noch Geist,
weder Formen, Töne, Duft, Geschmack, Beruhrbares noch
Denkbares.
Es gibt weder die Welt der Sinne noch die Welt des Bewußtseins.

Da ist auch keine Unwissenheit und kein Ende von Unwissenheit.
Da gibt es weder Alter und Tod noch die Überwindung von Alter und Tod;
kein Leiden, keine Ursache, kein Ende des Leidens
und auch keinen Weg, der zum Ende des Leidens führt.
In der Leerheit ist kein Erkennen und kein Erreichen,
weil es da nichts zu erreichen gibt.

Die *Bodhisattvas* leben aus dieser tiefen *prajna*-Weisheit,
nichts hemmt Ihren Geist,
und aus dieser Freiheit sind sie ohne Furcht.
Jenseits aller Illusionen haben sie *nirvana* vollendet.
Die Erwachten der drei Welten,
der Vergangenheit, Gegenwart und Zukunft,
folgen der *prajna-paramita*-Weisheit und erwachen zur höchsten Erleuchtung,
vollkommen und unübertroffen.

Darum erkenne:
diese *prajna-paramita*-Weisheit ist das große Mantra,
das hell strahlende Mantra,
das unübertroffene Mantra,
das Mantra jenseits aller Dualität,
wo alles Leiden aufhört,
Wahrheit, an der nichts fehlt.
Das ist das Wort, gesprochen aus der tiefen Prajna-Weisheit:
Gate gate paragate parasamgate bodhi svaha.

Anhang

Zitierte Literatur

Dogen, (Eihei) Zenji: Shobogenzo. Die Schatzkammer der Erkenntnis des Wahren Dharma. Zürich: Theseus Verlag. Band I: 1977. Band II: 1983

Dogen, Eihei: Shobogenzo Zuimonki. Unterweisungen zum wahren Buddha-Weg. München und Zürich: Theseus, 1992. (Neuauflage Heidelberg: Werner Kristkeiz Verlag, 1997)

Gundert, Wilhelm: BI YÄN LU. Meister Yüan-wu's Niederschrift von der Smaragdenen Felswand. 3 Bände. München: Hanser, 1960 (Taschenbuchausgabe Ullstein, 1983)

Hui-Neng. Das Sutra des Sechsten Patriarchen. Mit Erläuterungen des modernen japanischen Zen-Meisters Soko Morinaga Roshi. München: Scherz (O.W. Barth), 1989

Inagaki, Hisao: A Dictionary of Japanese Buddhist Termins. Kyoto: Nagata Bunshodo, 1989[3]

ders.: A Glossary of Zen Terms. Kyoto: Nagata Bunshodo, 1991

Nyanatiloka: Buddhistisches Wörterbuch. Konstanz: Christiani, 1989[4]

EDITORISCHE NOTIZ

Zen – weil wir Menschen sind enthält sechs bereits veröffentlichte Kapitel, die noch einmal grundlegend überarbeitet wurden. Alle übrigen beruhen auf Vorträgen Nakagawa Roshis aus den letzten Jahren. Sie wurden wörtlich transkribiert – dafür sei Margarete Kaufmann und Charlotte Dachs besonders gedankt. Anschließend wurden sie in einem mehrfachen spiralförmigen Prozeß sprachlich überarbeitet und so gekürzt, daß Wiederholungen im Verlauf des Buches minimiert wurden. Jeder Durchgang ist von Nakagawa Roshi gegengelesen, berichtigt und ergänzt. Fast alle Vorträge waren frei gesprochen – wohlgemerkt von einem Japaner in deutscher Sprache – , was im Fall Fumon Nakagawas bei allen Schwierigkeiten des Formulierens einen durchaus kreativen – für die zuhörenden Muttersprachler einen bisweilen unerwartet erhellenden – Umgang mit der für ihn so fremden Sprache einschließt. Die Herausgeber haben sich deshalb bemüht, den Charakter der spontanen Rede soweit wie möglich zu erhalten. Eine einheitlich geglättete Sprach-Oberfläche war also nicht beabsichtigt, wohl aber kehren bestimmte Wendungen und vielleicht die eine oder andere bei der ersten Begegnung eigentümlich wirkende Formulierung mehrfach wieder.

Die Folge der Vorträge ist eingerahmt von zwei wichtigen Texten: dem Gelöbnis des Großen Meisters Daichi, das Nakagawa Roshi in der Tradition seines Lehrers Sakai Roshi vor seinen Vorträgen stets rezitiert, und dem wohl bekanntesten Mahayana-Sutra, dem *Hannya shingyo*, dem Herz-Sutra, in der von ihm autorisierten deutschen Übersetzung.

Inhaltlich geht es in Teil I um das Zen als undogmatische Schule des Mahayana-Buddhismus. Nakagawa Roshi hält sehr oft Vorträge dieser Art, auch deshalb, weil hierzulande viele denken,

Zen wäre – gemäß dem Motto »Jenseits von Wort und Schrift« – in einem luftleeren Raum vorstellbar.

In Teil II erläutert Fumon Nakagawa diejenigen Grundlagen der buddhistischen Lehre, die für die Perspektive des Zen besonders wichtig sind. Ausgangspunkt sind Aspekte der Kernübung, des Zazen, auf das sich schon das Wort *zen* zurückführt: vom Sanskrit-Begriff *dhyana* zum chinesischen *chan*. In den vier Kapiteln ab *shila* geht es um die klassische »Dreifache Schulung« in Lebensführung, Zazen und Weisheit, auf Sanskrit *shila, samadhi* und *prajna*. Daraus folgt die Interpretation von *nirvana* (oft mit »Erleuchtung« gleichgesetzt) im Sinne Huinengs und Dogen Zenjis; diese Interpretation hat heute, so Nakagawa Roshi, zur Folge, daß man sich gerade nicht mehr dauerhaft aus der Welt zurückziehen kann. – Am Anfang der Zen-Übung steht der immer wieder neue Entschluß zu eben dieser Übung, und das wird durch ein kurzes Ritual unterstrichen: Reue, Zufluchtnahme und Bodhisattva-Gelöbnis. Stellenwert und Bedeutung dieser Rezitationstexte werden in jeweils einem Kapitel angesprochen. Darauf folgen *Mitgefühl, Karma* und *Tod* – Themen, über die es im Westen besonders viele Mißverständnisse gibt, da hier noch immer vermutet wird, Zen könne zu diesen grundlegenden religiösen Punkten wegen seiner Rationalität und Spekulationsfeindlichkeit nichts eigenes sagen. Nakagawa Fumon zeigt aber, daß man sich auch damit lebendig und gegen den Strich gebürstet – und damit »gut buddhistisch« – auseinandersetzen kann.

Teil III des Buches enthält persönliche Beobachtungen eines modernen »Wandermönches« – eines Wanderers zwischen den Kulturen Japan und Europa, zwischen den Hochreligionen Buddhismus und Christentum, zwischen den Lebensformen Kloster und säkularer Welt. Im letzten Kapitel kehrt Nakagawa Roshi zu seinen eigenen Ursprüngen zurück, zur eigenen Dharma-Linie, den eigenen Dharma-Lehrern. Solche »Dharma-Linien« gelten im Buddhismus als außerordentlich wichtig, und dennoch können sie hier – im Zen-»Ausland« – nur bedingt Aussagekraft besitzen.

Seit Jahren macht sich Nakagawa Roshi intensiv Gedanken darüber, wie (zen)-buddhistische Termini so ins Deutsche übertragen werden können, daß möglichst wenig Mißverständnisse auftreten. Diese Thematik hat er im *shila*-Kapitel etwas näher ausgeführt. Unter anderem aufgrund dieser Überlegungen wird in diesem Buch nur das Wort »Zazen« verwendet, nicht »Meditation«; meistens »Aufwachen« oder »Wachsein«, sehr selten »Erwachen« – und »Erleuchtung« fast ausschließlich als Zitat. Gemäß alter Mahayana-Tradition erscheinen buddhistische Termini in der Regel in ihrer Sanskrit-Form (auf die diakritischen Zeichen wurde aus technischen Gründen verzichtet), manchmal zusätzlich im japanischen Äquivalent. Begriffe mit geschichtlich gewachsenen abendländischen, häufig speziell christlichen Bedeutungen verwendet der Autor nicht unreflektiert, zumal deren Konnotationen für das Zen-Verständnis oft genug hinderlich sind. Anstelle des neudeutschen Begriffs »Spiritualität« greift Nakagawa Roshi auf das ältere und umfassendere Wort »Religiosität« zurück. Das in der buddhistischen Szene so beliebte Begriffspaar »Praxis/praktizieren« schließlich wird nur benutzt, wenn sich aus dem Zusammenhang eindeutig erklärt, was damit gemeint ist. – Auf ein Glossar haben wir verzichtet, weil in diesem Buch die Fachtermini im allgemeinen auch erläutert sind, sobald sie benutzt werden.

Die Herausgeber

Adressen:

Zen-Gemeinschaft Jikishin Kai e.V.
Adalbertstraße 108,
D – 80798 München
Tel. + Fax: 089 / 2719024

Zen-Zentrum DAIHIZAN FUMONJI
Eisenbuch 7,
D – 84567 Erlbach
Tel: 08670 / 986820; Fax: 08670 / 986821
e-mail: Zen-Zentrum.Eisenbuch@t-online.de
www.eisenbuch.de